石井洋二郎

ブルデュー『ディスタンクシオン』講義

Bourdieu La Distinction

藤原書店

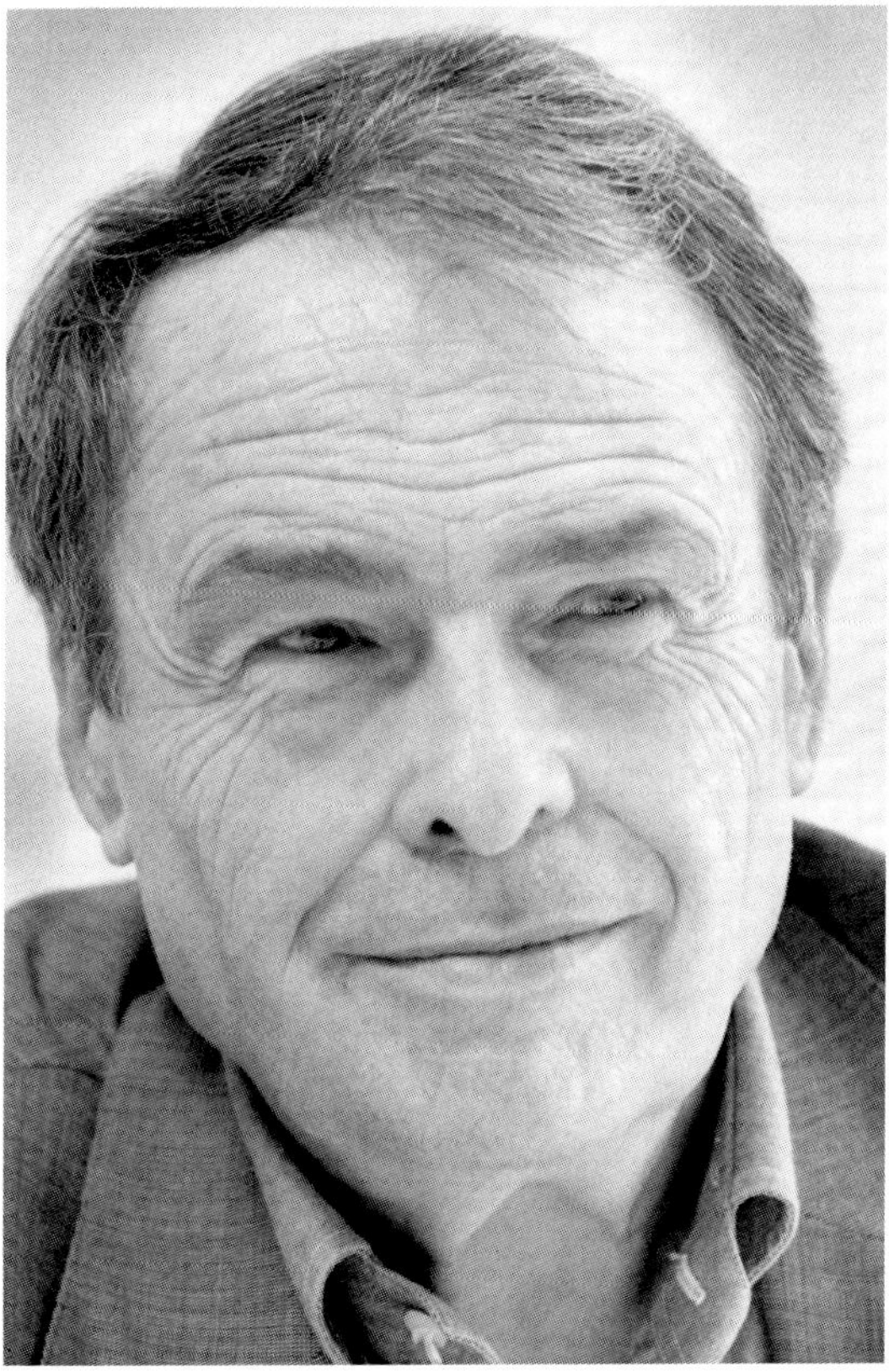

ピエール・ブルデュー
(1930-2002)

図2　社会的位置空間
図3　生活様式空間
（本文 63・67 頁参照）

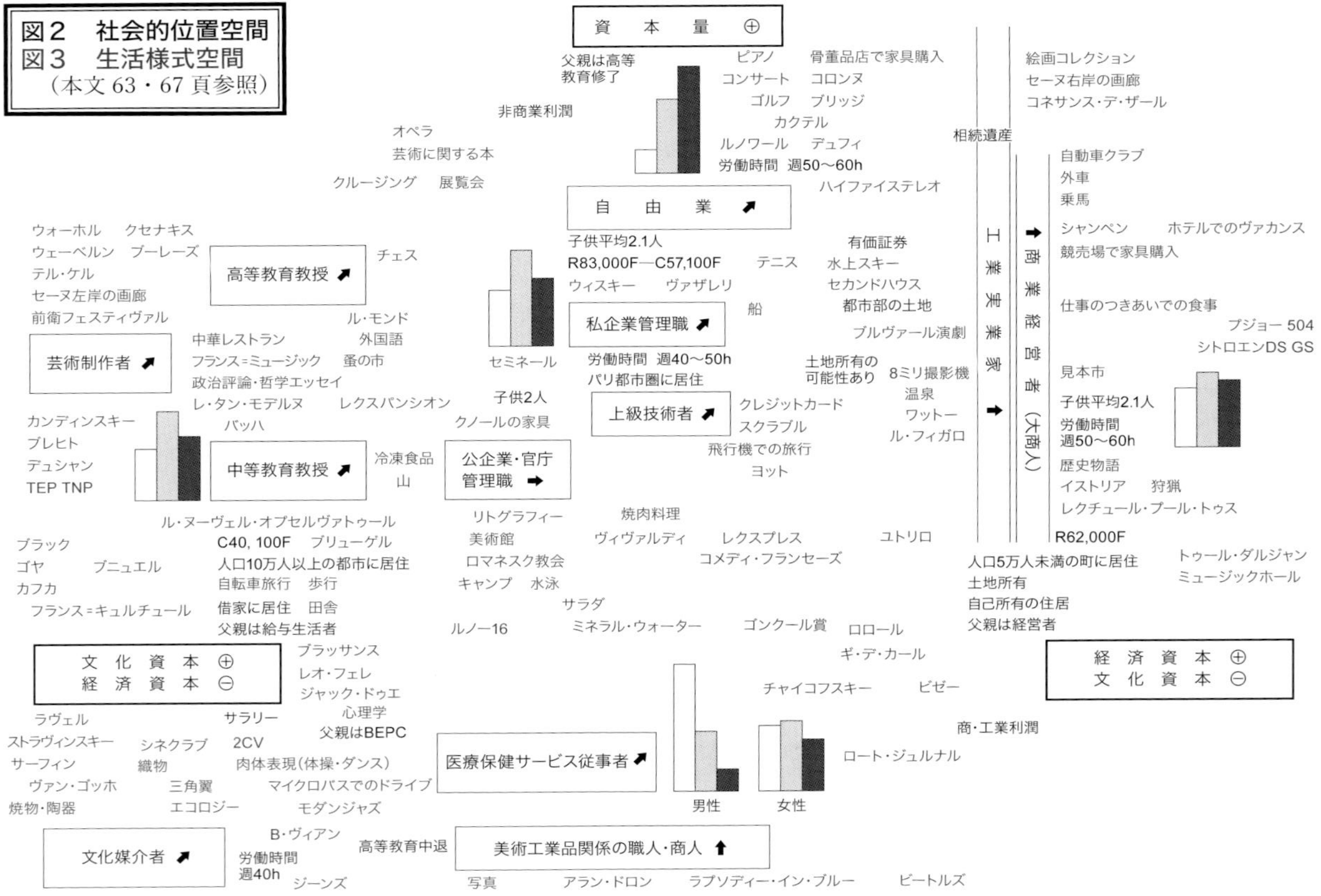

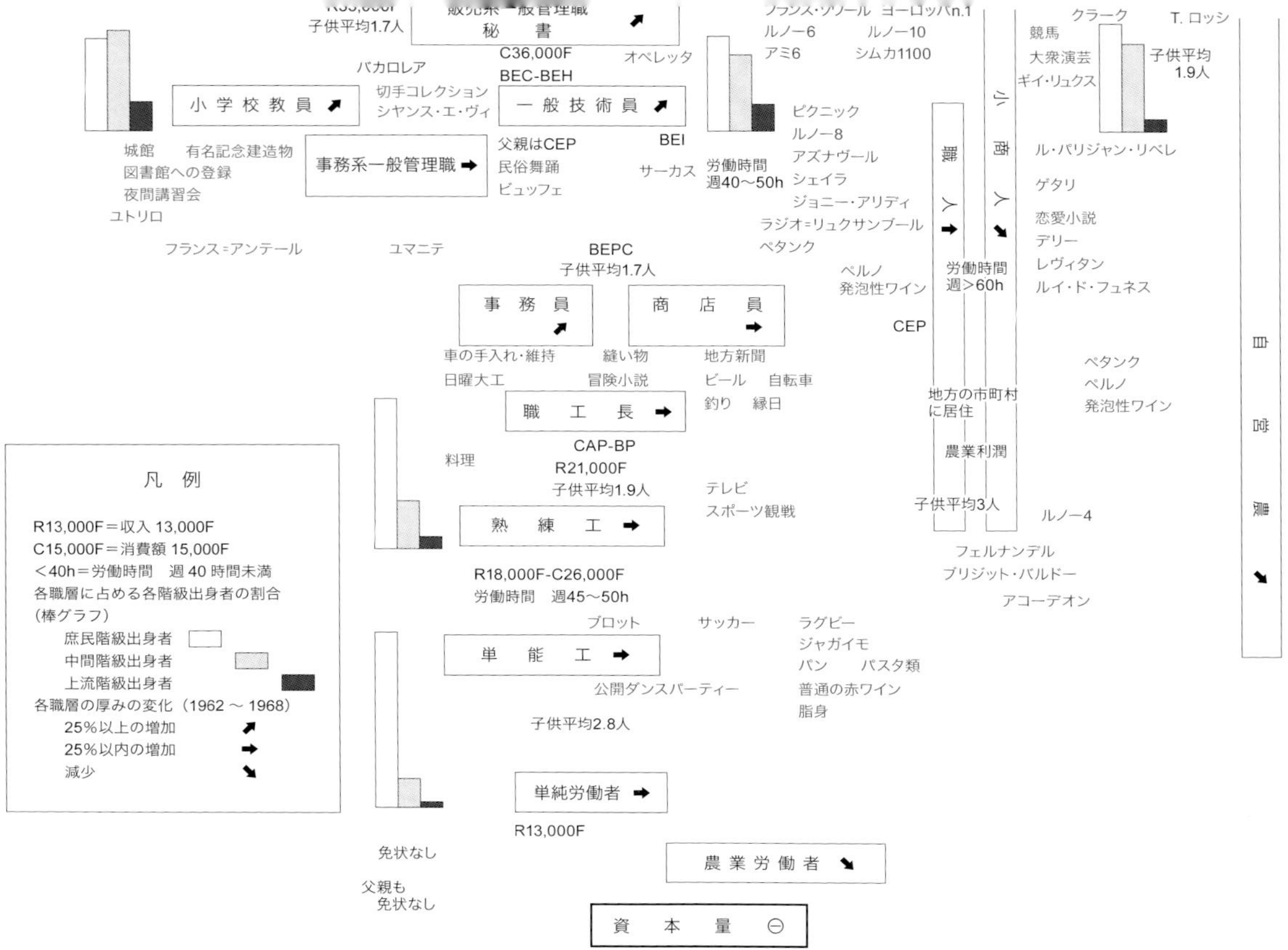
子供平均1.7人
秘書
C36,000F
BEC-BEH
オペレッタ
フランス・ソワール
ヨーロッパn.1
ルノー6
ルノー10
アミ6
シムカ1100
クラーク
T. ロッシ
競馬
大衆演芸
ギイ・リュクス
子供平均1.9人
バカロレア
小学校教員
切手コレクション
シャンス・エ・ヴィ
一般技術員
ピクニック
ルノー8
アズナヴール
シェイラ
ジョニー・アリディ
ラジオ=リュクサンブール
ペタンク
城館
有名記念建造物
図書館への登録
夜間講習会
ユトリロ
事務系一般管理職
父親はCEP
民俗舞踊
ビュッフェ
BEI
サーカス
労働時間
週40～50h
職人
小商人
ル・パリジャン・リベレ
ゲタリ
恋愛小説
デリー
レヴィタン
ルイ・ド・フュネス
フランス=アンテール
ユマニテ
BEPC
子供平均1.7人
ペルノ
発泡性ワイン
労働時間
週>60h
事務員
商店員
CEP
車の手入れ・維持
縫い物
地方新聞
日曜大工
冒険小説
ビール
自転車
釣り
縁日
ペタンク
ペルノ
発泡性ワイン
職工長
地方の市町村に居住
CAP-BP
農業利潤
料理
R21,000F
子供平均1.9人
テレビ
スポーツ観戦
子供平均3人
ルノー4
熟練工
フェルナンデル
ブリジット・バルドー
アコーデオン
R18,000F-C26,000F
労働時間　週45～50h
ブロット
サッカー
ラグビー
ジャガイモ
単能工
パン
パスタ類
公開ダンスパーティー
普通の赤ワイン
脂身
子供平均2.8人
単純労働者
R13,000F
免状なし
農業労働者
父親も免状なし
資本量 ⊖
自営農
凡例
R13,000F＝収入 13,000F
C15,000F＝消費額 15,000F
＜40h＝労働時間　週 40 時間未満
各職層に占める各階級出身者の割合（棒グラフ）
庶民階級出身者
中間階級出身者
上流階級出身者
各職層の厚みの変化（1962 ～ 1968）
25%以上の増加
25%以内の増加
減少

図4・図5　支配趣味のヴァリアント
（本文137頁参照）

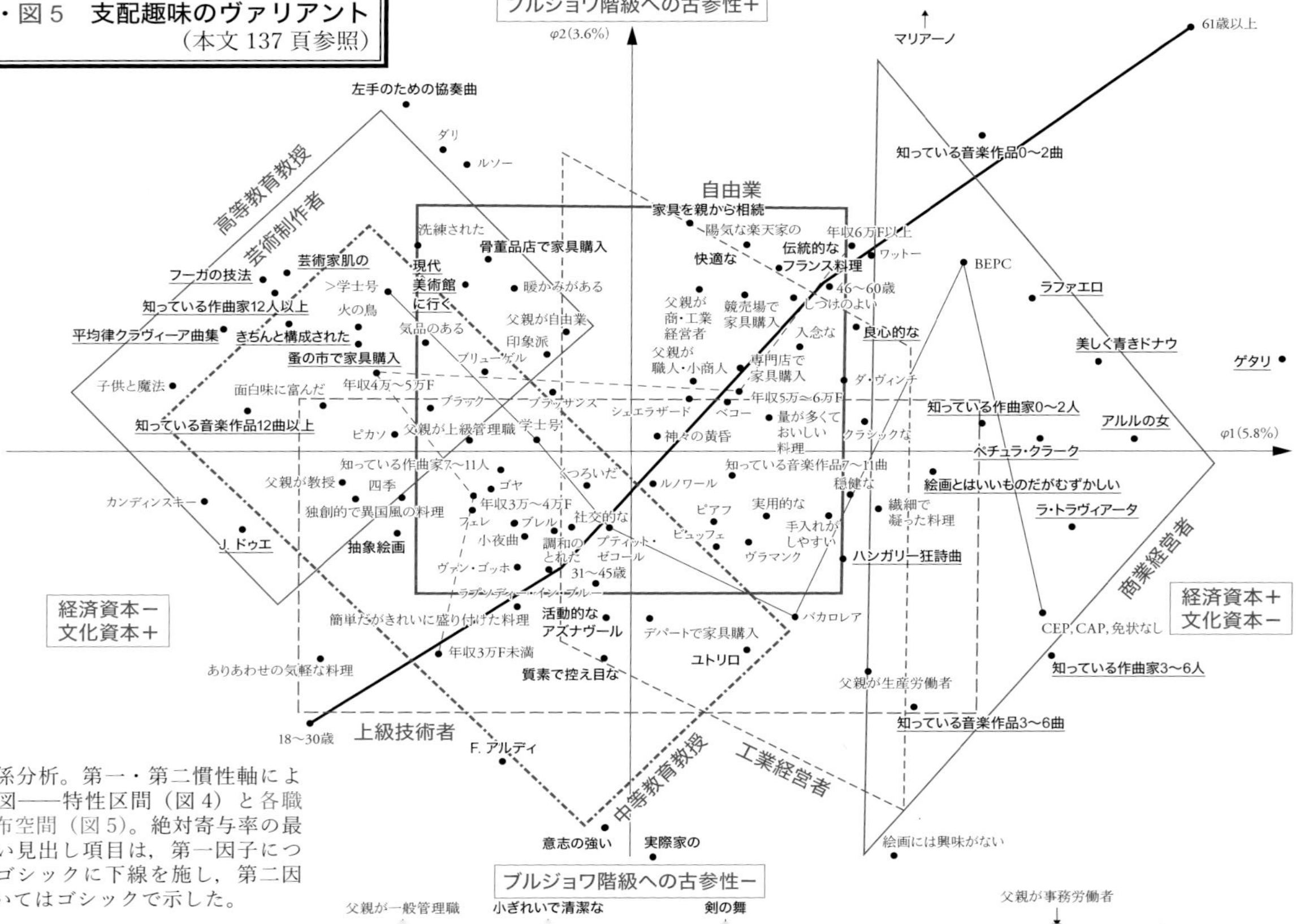

照応関係分析。第一・第二慣性軸による見取図――特性区間（図4）と各職層の分布空間（図5）。絶対寄与率の最も大きい見出し項目は，第一因子については ゴシックに下線を施し，第二因子についてはゴシックで示した。

ブルデュー『ディスタンクシオン』講義

目次

ブルデュー『ディスタンクシオン』講義

凡例

一　何度も引用する書籍は［↓　］を用いて、書名の略語と頁数を示しました。

『ディスタンクシオン』Ⅰ・Ⅱ　↓Ⅰ、Ⅱ

『差異と欲望』　↓『差異』

『ディスタンクシオン』の頁数は、／の上が従来版、下が普及版のものです。

例）［↓Ⅰ 11／21］:『ディスタンクシオン』第Ⅰ分冊、従来版11頁、普及版21頁

なお、普及版の頁数はⅠ、Ⅱで通し番号になっています。

一　本書内の参照箇所については、［↓第1講＊＊］（＊＊は該当頁）のように示しました。

一　各講の〈　〉で括ったサブタイトルは、対応する『ディスタンクシオン』の章名を示します。

一　引用文中の、強調を示す傍点は、別記したものを除き引用元のものです。

〈導入講義〉

平等神話は終わった

格差の時代に『ディスタンクシオン』を読む

ある土地に囲いをして〈これはおれのものだ〉と言うことを思いつき、人々がそれを信ずるほど単純なのを見出した最初の人間が、政治社会の真の創立者だった。

ジャン＝ジャック・ルソー『人間不平等起源論』
（小林善彦訳）

現代の古典

ピエール・ブルデューの『ディスタンクシオン』がフランスで出版されたのは一九七九年[1]、日本語の全訳が二分冊で出版されたのは一九九〇年でしたから[2]、原書刊行からはすでに四十年以上、全訳刊行からも三十年の歳月が流れたことになります。この間に訳書は版を重ね、二〇二〇年六月の時点で二〇刷を数えています。これは数多いブルデューの著作の訳書中でも、ひときわ突出した売れ行きと言っていいでしょう。その意味で、この書物は日本の出版界においてすでに「現代の古典」としての地位を確立したと言っても差し支えないように思われます。

なぜ『ディスタンクシオン』のように難解で高価な書物が、日本でこれほどのロングセラーになっているのでしょうか。それはこれが異論の余地なくブルデューの代表作であり、その仕事のエッセンスを知る上での「必読書」という位置づけにあるからでもあるでしょ

（1） Pierre Bourdieu, *La distinction*, Les éditions de minuit, 1979.

（2） ピエール・ブルデュー『ディスタンクシオンⅠ・Ⅱ』、石井洋二郎訳、藤原書店、一九九〇年。普及版、二〇二〇年。

うが、それだけでは説明がつきません。おそらくこの本で展開されている社会分析の方法が、おもに一九六〇年代から七〇年代にかけてのフランスを対象としたものであるにもかかわらず、一九九〇年代以降の日本社会の分析にも少なからず応用可能なものであったことが、売れ行きの息の長さに大きく与ってきたのでしょう。

しかしながら実際に読んでみると、ブルデューの文章はきわめて入り組んでいて、およそ一読了解というわけにはいかない代物であることがわかります。そもそも原文のフランス語自体がフランス人でもなかなか理解できないたぐいのもので、一般読者はもちろんのこと、専門家であっても「よくわからない」という人は少なくありません。ましてや翻訳を通して接した日本の読者の中には、思いきって挑戦してはみたものの、途中で投げ出してしまったという人も相当数おられるのではないでしょうか。

そんな読者のために、私は訳者としての責任を果たすという意味もあって、一九九三年に『差異と欲望』という解説書を藤原書店から刊行しました。(3) これはブルデューが『ディスタンクシオン』において特段の定義ぬきで当然のように駆使している「文化資本」「慣習行動」「社会空間」「ハビトゥス」「場」等々の主要な概念を抽出し、私なりに敷衍しながら、この巨大な建造物ともいうべき書物の構造を解きほぐそうと試みたものです。

この解説書が日本人読者のブルデュー理解を進めることにどれほど寄与することができ

たかは正直のところわかりませんが、その後は日本でもこれらの概念を応用した社会分析の試みが数多くなされるようになり、「文化資本」や「ハビトゥス」といった用語はいろいろな文脈で、特に定義する必要もなく用いられるようになってきました。こうした経緯を見る限り、ブルデュー社会学もわが国にかなり定着してきたと言えるのかもしれません。

とはいうものの私自身、全体を訳したとはいっても、およそ原書の内容をじゅうぶんに咀嚼できたと言い切ることはできませんでした。また、解説書というのはそもそも自分に理解できた範囲でしか書くことができないものですから、著者の言わんとするところを不正確に解釈したり、自己流にパラフレーズしたりした箇所も少なからずあったのではないかと思います。その結果、重要な部分を簡略化しすぎて取り逃がしてしまったところがないとは言えません。

一方、この三十年間、グローバル化の加速やインターネットの普及、デジタル化の急速な進行などにともなって、日本社会もかつてないほど大きな変容を遂げました。二一世紀も二十年が過ぎた現在、私たちはけっして一九九〇年代と同じ生活環境に生きているわけではありません。特に近年は「格差」という言葉がさまざまな局面で口にされるようになっ

(3) 石井洋二郎『差異と欲望』、藤原書店、一九九三年。

ており、目に見えにくいところで社会を分断する階層化が深刻さを増しているような印象を受けます。

「格差」の変遷

私は経済学者でも社会学者でもありませんので、詳細な分析はその道の専門家に譲りますが、ごくおおざっぱなアウトラインを確認しておけば、戦後の日本では財閥解体や農地改革などの民主化政策が推進され、戦前までの極端な経済格差は急速に解消される方向にむかいました。そして一九六〇年代の高度成長期には「一億総中流」という言葉が生まれるまでに平等化が進行し、一九七〇年代から八〇年代初期にかけての安定成長期にも、基本的にこの構造は持続していたと言えます。

ところが一九八〇年代の後半にバブル景気が始まると、土地や株式などの極端な高騰によって儲けた人と儲けそびれた人の経済格差が一気に拡大し、戦後社会の平等神話はもろくも崩れ去りました。一九九〇年代の初期にバブルがはじけ、急激な格差の拡大には歯止めがかかったように見えるものの、世紀が替わるまで続いた長期不況（俗に言う「失われた十年」）のあいだにふたたび平等化が進んだかというと、かならずしもそうとは言えないようです。「一億総中流」幻想が復活する気配は見えず、格差はあるレベルで定着したというのが多くの専門家の見立てであり、また一般市民の実感でもあるように思われます。

二〇世紀末に相次いで刊行された橘木俊詔氏の『日本の経済格差――所得と資産から考える』と佐藤俊樹氏の『不平等社会日本――さよなら総中流』は、この問題をいち早く論じた先駆けと言ってもいい二冊でしょう。

前者は、「一九八〇年代後半のバブル経済の時期、土地や株式の資産価格が急騰し、資産分配の不平等化が叫ばれたが、バブルの崩壊とその後の長期不況によって、資産分配の不平等は消滅したのだろうか」という問いを提起し、不平等を表す指標であるジニ係数(4)を用いて詳細な分析をおこないながら、「バブルの崩壊によってやや沈静化したとはいえ、資産分配の不平等化がバブル期を中心にして頂点に達した。わが国の所得・資産分配はもう平等ではなく、平等神話は崩壊しつつある」という診断を下しています(5)。

一方後者は、一時期（だいたい一九九〇年前後に）マスコミで話題になった「お嬢さま」ブームの話から始め、たまたま手に取った雑誌の記事に「今やお嬢さまの究極の規準はど

(4) イタリアの統計学者であるコンラッド・ジニが考案した、所得の不平等性を測る指標で、0から1までの数字で表され、数値が大きいほど不平等性が大きいとされます。

この病院で産まれたかだ」とあったことが強烈に印象に残っているというエピソードを紹介した上で、「努力すればナントカなる」と「努力してもしかたない」の二重底が（当時の）日本社会の現状であること、そして「八〇年代前半までの戦後の階層社会は、それなりに「努力すればナントカなる」社会になっていったけれども、「二〇世紀の終わりと歩調をあわせるように、「可能性としての中流」は消滅し、さまざまな分断線がうかびあがりつつある」と指摘しています。(6)

経済学者と社会学者という違いはあれ、二人の基本的な立場は「一億総中流」意識の終焉と平等社会神話の崩壊を認める点で一致していることがおわかりでしょう。そして現在もこの状況が大きく変化したようには思われません。それどころか、さまざまなところで格差はむしろ拡大しつつあるようにも見えます。さらに二〇二〇年には新型コロナウイルスの感染拡大という、予期せぬできごとが全世界を混乱に陥れ、さまざまな局面でこの流れに拍車をかけました。この傾向がどこまで続くのか、誰も見通すことができないというのが正直なところです。

このように、現代日本は格差社会であるということはすでに大方の共通認識となっている感があるのですが、ひと口に「格差」と言っても、その内実はかならずしも一様ではありません。最も目に見えやすく数字的に把握しやすいのは経済格差でしょうが、そこからは目にみえにくい形でさまざまな二次的・三次的な格差が派生します。昨今しばしば人々の口の端にのぼるようになった「教育格差」や「地域格差」などはその典型でしょう(7)。

そんな現状を踏まえてみたとき、「趣味」という切り口でフランス社会における階層化のメカニズムを分析した『ディスタンクシオン』という書物を現代的文脈でもう一度読み直し、そこから汲み取れることをあらためて整理しておくことには小さからぬ意義があるのではないかというのが、本書の出発点にある認識です。

ブルデューの経歴

本題に入る前に、まず著者について基本的な情報を確認しておきましょう。

(5) (前々頁) 橘木俊詔『日本の経済格差——所得と資産から考える』、岩波新書、一九九八年、三五頁。なお、同じ著者は二〇〇六年に『格差社会——何が問題なのか』、二〇一〇年に『日本の教育格差』(いずれも岩波新書)、二〇一六年には『21世紀日本の格差』(岩波書店) といった書籍も刊行し、一貫してこの問題を追究しています。

(6) 佐藤俊樹『不平等社会日本——さよなら総中流』、中公新書、二〇〇〇年、八七—九頁。

(7) たとえば松岡亮二氏の『教育格差——階層・地域・学歴』(ちくま新書、二〇一九年) にはその現状についての詳細な分析が見られます。

ピエール・ブルデューは一九三〇年八月一日、スペインとの国境に近いフランス南西部、ベアルヌ地方（現在のピレネー＝ザトランティック県）、ダンガン村の慎ましい農家出身の郵便局員の家庭に生まれました。ダンガンは当時、人口わずか四百人ほどの文字通りの寒村で、教育に関しても小学校までしか存在しませんでした（現在でもそうです）。そこでブルデューは故郷から最も近い地方都市、ポーのリセの寄宿生となったのですが、さっそく図抜けた秀才ぶりを発揮したようです。その才能に注目した教師の勧めで、一九四八年からはパリの名門高校であるルイ＝ル＝グラン校の高等師範学校受験準備学級で学び、一九五一年に超エリート養成機関であるパリ高等師範学校（エコール・ノルマル・スュペリユール）に入学しました(8)。

一九五四年に哲学の教授資格を取得した後、ブルデューはリセで教鞭をとりますが、五五年に兵役でアルジェリアへ渡り、これを契機として民族学・社会学研究の道に進みます。一九五八年にアルジェ大学助手、六〇年には帰国してパリ大学文学部助手となり、六一年から三年間のリール大学助教授を経て、一九六四年にはまだ三十代半ばの若さで社会科学高等研究学院教授・研究主任となりました。六八年に彼が創立した「教育文化社会学センター」は、翌年「ヨーロッパ社会学センター」と改称し、一九七五年からは研究誌『社会科学研究学報』を刊行しています。彼はこの雑誌を舞台として数多くの研究論文を単独または共同で発表し、その成果を次々に単行本として刊行していきました。

一九八一年、ブルデューは社会学者・哲学者のレイモン・アロンの跡を襲ってコレージュ・ド・フランスの社会学講座教授に就任しました。名実ともに、フランス社会学界の頂点に立ったことになります。反権威主義的な言動で知られる彼が「権威の中の権威」ともいうべきポストに就いたことには批判がなかったわけではありませんが、コレージュ・ド・フランスというのは誰でも無料で一級の教授たちの講義を聴講できるという意味で、窮屈な制度に縛られた大学よりもよほど開かれた機関ですから、ブルデュー自身はむしろ、自由な立場で直接一般聴衆に語りかけることのできる場に身を置くことに大きな意味を見出していたのではないかと思います。

彼はまた、いわゆる「象牙の塔」にこもった学者ではなく、積極的に社会にコミットし続けた「行動する知識人」でもありました。一九九〇年代の後半からは特にその傾向が顕著になり、国鉄労働者のストライキを応援したり、失業者たちが彼の母校である高等師範学校を占拠したときには現場に駆けつけて支持を表明したりといった具合に、一貫して社

(8) ちなみに同年生まれの著名な哲学者、ジャック・デリダ(一九三〇—二〇〇四)やミシェル・セール(一九三〇—二〇一九)は、同じ高等師範学校で彼の一年下級生にあたります。

会的弱者を擁護する姿勢を貫きました。アメリカによる一極支配が露わになった頃からは反グローバリゼーションの急先鋒として論陣を張り、新聞や雑誌にしばしば寄稿する一方、一般市民や労働者とともにデモに参加したり、各地の集会に足を運んだりもしています。その意味では、一九世紀のエミール・ゾラや二〇世紀のジャン＝ポール・サルトル、さらにミシェル・フーコーなどの系譜に連なる存在であったと言えるでしょう。

こうして旺盛な執筆活動と精力的な社会参加を続けてきたブルデューですが、若い頃にラグビーで鍛えた頑健な肉体をもつ彼も病には勝てず、二〇〇二年一月、惜しまれながら七十一歳で肺癌のために死去しました(9)。

ブルデューの著作

このプロフィールからもうかがえるように、ブルデューは地方の比較的貧しい一般家庭の出身であり、およそ都会の知的エリート家系に育ったわけではありません。そして経済的にも文化的にも恵まれた環境とはいえないこの出自が、その後の彼の研究関心に深く影響していることは疑いないように思われます。『ディスタンクシオン』の内容を少しばかり先取りしていえば、いわゆる「文化貴族」ではない彼が、自らの才能と努力によって豊富な文化資本や高度の学歴資本を獲得し、社会空間の中でめざましい上昇を遂げていく過程そのものが、まさに彼自身の分析対象にふさわしい事例となっているのです。

ブルデューの著作は、単著・共著を含めて膨大な量にのぼり、対象とする領域も多岐にわたりますが、全体は大きく六つの系列に分類できます。

（1）アルジェリアをフィールドとした人類学的・民族学的研究
『アルジェリアの社会学』『アルジェリアの労働と労働者』『根こそぎ』『資本主義のハビトゥス』『実践感覚』など

（2）教育制度の社会学的分析
『学生とその学業』『遺産相続者たち』『教師と学生のコミュニケーション』『再生産』『ホモ・アカデミクス』『国家貴族』など

（3）文化と階級の社会学的研究
『写真論』『美術愛好』『ディスタンクシオン』『話すということ』『芸術の規則』『男

（9） 以上の記述の一部は、『メルロ＝ポンティ哲学者事典 別巻』（白水社、二〇一七年）所収の拙稿を踏まえています。

性支配』『結婚戦略』など

（4）**社会学の認識論・方法論**

『社会学者のメチエ』『社会学の社会学』『構造と実践』『実践理性』『リフレクシヴ・ソシオロジーへの招待』『科学の科学』など

（5）**哲学的・理論的考察**

『ハイデガーの政治的存在論』『パスカル的省察』など

（6）**政治的・社会的実践にともなう著作**

『世界の悲惨』『メディア批判』『市場独裁主義批判』『住宅市場の社会経済学』『政治』『介入』など

こうして並べてみると、彼がいわゆる「社会学者」の枠にはおさまりきらないきわめて広汎な関心の持主であったことがあらためて実感されます。これらの著作のひとつひとつについて触れることはできませんが、大半は邦訳が存在しますので、関心のある方は手に取ってみてください。今はとりあえず、『ディスタンクシオン』と問題関心が共通しており、講義を進めていく上で参考になる文献として、（2）の『遺産相続者たち』と『再生産』の二冊を挙げておくにとどめたいと思います。

タイトルについて

次に、『ディスタンクシオン』というタイトルについても確認しておきましょう。フランス語の原題は *La distinction* で、「区別する」「違いを見分ける」という意味をもつ distinguer（英語の distinguish）という動詞の名詞形です。したがって直訳すれば単に「区別」となるわけですが、この名詞にはもう少し違った意味がこめられています。

手元の仏和辞典を開いて、distinguer という動詞を引いてみましょう。辞書によって多少の差はあれ、まず目に入るのは「見分ける」「区別する」「識別する」といった訳語だと思いますが、その後に、「（人を）特に高く評価する」「特別視する」といった意味が必ず載っているはずです。つまりこの動詞には、集団の中から格別に目立った人間を目にとめて、他の凡庸な人間たちから区別するという意味もあるわけです。

ちなみにこの動詞の過去分詞が形容詞化した distingué の項目を見てみると、第一義としては「上品な」「気品のある」、第二義としては「すぐれた」「卓越した」といった意味が見出されるでしょう。日本語で「区別」と「気品」という二つの概念は必ずしも直接結びつかないと思いますが、フランス語ではこのように、「他から区別された」→「特にすぐれた」→「品位のある」という形で意味の連鎖が成り立つわけです。英語のdistinguishedについては、一般に「すぐれた」「名高い」というのが第一義で、distinguished professorといえば「(顕著な業績を挙げた)卓越教授」という意味になりますが、第二義として「上品な」という意味も載っていますから、基本的にはフランス語と似たニュアンスであることがわかります。

そこでdistinctionという名詞そのものを仏和辞典で引いてみると、「区別」「識別」という本来の語義のほかに、右に述べたような意味の連鎖によって生まれる「気品」「品位」といった意味が必ず見つかります。つまりこの名詞には、他の凡庸な人間たちから抜きんでた卓越性、通俗性から差異化された上品さ、という意味が含まれているわけで、『ディスタンクシオン』という書名にはそうした重層的な語義が仕掛けられていることをまず念頭に置いておく必要があります。

以上の理由から、私はこの単語には基本的に「卓越化」という訳語を当てていますが、その後普及した日本語としては「差別化」という言葉がしっくりくるかもしれません。いずれにせよ、「他者から自分を区別してきわだたせること」といったニュアンスをそこに読み取っていただければ結構です。

ついでにサブタイトルについても触れておきましょう。原書の表紙を見ると、メインタイトルの下に critique sociale du jugement という言葉が記されているのがわかります。直訳すれば「判断の社会的批判」となり、これでもなんとなく意味は通じるような気がしますが、私はこれを「社会的判断力批判」と訳しました。なぜなら、このサブタイトルはイマヌエル・カントの『判断力批判』のフランス語訳タイトル、*Critique du jugement* を踏まえており、「社会的」sociale という形容詞は critique という名詞だけでなく、タイトルの全体にかかっていると考えられるからです。じっさい、『ディスタンクシオン』ではしばしばカントのこの書物への言及がありますので、著者は『判断力批判』の社会学版という意味をこめてこのサブタイトルをつけたものと解釈しました。

講義の方針

さて、『ディスタンクシオン』とはどういう書物かといえば、「趣味と階級」の関係を膨大な資料に依拠して実証的に分析した研究書である、とひとまずは要約することができると思いますが、邦訳で二巻千頁にも及ぶ書物の内容を、ただ「趣味と階級のあいだには密接な関係がある」とひとことで済ませることはもちろんできません。

『差異と欲望』ではいくつかの主要概念を抽出して解説しながら、この書物の内容を私なりに再構成するという方法をとりましたが、同じことを繰り返しても意味がありませんので、ここではむしろ本文の流れに沿って各章を順に読み進めるという形をとることにしたいと思います。つまり、いわゆる講義形式で読者と一緒にこの書物を「講読する」というのが、本書の基本的なスタンスです。おもな受講者としては、かつてこの書物に挑戦しようと試みて挫折した読者、あるいはまだこの書物を一度も開いたことのない読者の方々を想定していますが、もちろんすでに『ディスタンクシオン』を通読したことのある方にも、ぜひ参加していただきたいと思います。

訳書は二分冊に分かれていますが、原書は一冊で、全体の目次構成は次の通りです（大項目のみ抜粋）。

序文
第Ⅰ部　趣味判断の社会的批判
　1　文化貴族の肩書と血統
第Ⅱ部　慣習行動のエコノミー
　2　社会空間とその変貌
　3　ハビトゥスと生活様式空間

大学の講義では各回の授業内容を記した「シラバス」を公表することが求められますが、これに倣っていえば、ここでは1〜8のアラビア数字で示された各項目の見出しがシラバスの目次に相当すると考えてください。ただし、毎回の講義は各章の内容の要約でもなく、網羅的紹介でもないことを、最初にお断りしておきます。総花的な解説を加えるよりも、まったく予備知識も先入観もない読者が初めて『ディスタンクシオン』を読み進めていく立場に立って、著者がそこでいったい何を語ろうとしているのか、何を読者に伝えようとしているのかをできるだけ嚙み砕いて言葉にすることが、本書の基本的な方針です。

また、以下の記述はかならずしも原書の展開に沿って進むとは限りません。ブルデューは同じことを別の言い方で何度も繰り返す傾向がありますので、ある章で提起された話題を別の章で確認することはしばしばありますし、逆に講義の流れに組み込みにくい箇所については、思いきって割愛する場合も少なくないと思ってください。もし説明が不十分と感じられた場合は、これを補うものとして『差異と欲望』をあわせて読んでいただければ幸いです。(10)

それでは、講義を始めましょう。

(10) 他にも参考になる文献はいろいろありますが、ここでは本書で言及するもの以外に、加藤晴久氏の『ブルデュー　闘う知識人』（講談社選書メチエ、二〇一五年）を挙げておくにとどめます。

第 *1* 講

趣味とは闘争である

〈文化貴族の肩書と血統〉

爵位があるから、貴族だというわけにはいかないんだぜ。爵位が無くても、天爵というものを持っている立派な貴族のひともあるし、おれたちのように爵位だけは持っていても、貴族どころか、賤民にちかいのもいる。

太宰治『斜陽』

文化的ゲーム

『ディスタンクシオン』の冒頭には「序文」が置かれていますが、これはブルデュー自身による全体の要約ともいうべきもので、かなり密度が高い文章である上に、いきなり独特の用語が次々に出てきますから、むしろ最後まで読み終わってから復習の意味で目を通してみたほうがわかりやすいのではないかと思います。ここではさしあたり「趣味は分類し、分類する者を分類する」[↓I 11／21]という一文を、本書全体の内容を予告するものとして掲げておくにとどめておき、すぐに「文化貴族の肩書と血統」と題された第1章を読んでみることにしましょう。

目次を見ればわかるように、『ディスタンクシオン』の全体は大きく三部構成になっていますが、第Ⅰ部の「趣味判断の社会的批判」に相当するのはこの第1章だけですので、量的に見ても最長の章となっています。

本章の冒頭に見られる「趣味――それは支配階級という場、および文化生産の場を舞台としてくりひろげられる闘争において、もっとも重要な争点をなすもののひとつである(1)」[↓I 18／28]という一節に、まず注目してみましょう。この書物が主題としている「趣味」

という領域は、原則として地位や身分や職業とはあまり関係のない個人的な「好き嫌い」の範疇に属するものと考えられがちであるけれども、実際は本人が育った家庭環境や所属している集団の属性と切り離すことのできないものであり、社会階層の中に自分を位置づける闘争において「もっとも重要な争点」であるという著者の基本的なとらえ方が、ここに端的に示されています。

「争点」の原語は enjeu ですが、これは文字通りには「賭金」、すなわち「賭け＝ゲーム」jeu において勝者と敗者のあいだでやりとりされる金銭を意味します。つまり「支配階級という場、および文化生産の場」では文化的なゲームが繰り広げられていて、参加者はその中で「趣味の良さ」という賭金を獲得すべく争っている、というのがブルデューの見立てであるということになります。

確かに私たちは日常的な会話の中で、「あの人はファッションセンスがいい」とか「君の映画の趣味は俗っぽいね」といったことを口にすることがしばしばありますが、そうした発言を何らかの「闘争」に関わる行為として意識することはめったにないというのが率直な実感でしょう。趣味はしょせん趣味であって、それをいちいち社会階級のアイデンティティに関わる問題として語ることはしないのが普通だと思います。時には相手との違いが浮き彫りになって議論に熱が入ることもあるでしょうが、いくら激しく対立したとしても、最後は結局「まあ、要するに趣味の問題だね」というひとことで片付けられるのが通例です。しかしブルデューによれば、まさにこの「趣味の問題」こそが、現代における目に見えない階級闘争の争点ということになるのです。

事が趣味という領域に関わる以上、ある程度の経済的・時間的余裕が前提となるので、ここではこうした事象が最も特徴的に見られる支配階級（これは多くの場合、文化が生産される特権的な場でもあります）がおもな場として設定されていますが、当然ながら中間階級や庶民階級にも、別の形ではあれゲームは存在します。じっさいブルデューは少し後で「人は文化のゲーム〔遊戯、賭け〕の外に出ることはできない」［↓I 19／29］とも述べていて、私たちが意識するとせざるとにかかわらず、また望むと望まざるとにかかわらず、誰もがすでにこうした闘争に否応なく巻き込まれていることを示唆しています。ただ、いろいろな面で余裕の少ない中間階級や庶民階級ではゲームがゲームとして自覚されにくいために、ここではとりあえず場を限定するような書き方がされていると了解しておいてく

（1）（前々頁）ここで「場」と訳したのはchampという単語で、別の訳書では「界」と訳されることも多い概念ですが、今はとりあえず「ある共通項をもった行為者の集合、およびそれぞれに付随する諸要素（組織、価値体系、規則など）によって構成される社会的圏域」［↓I vi／8―9］を指す言葉であると了解しておいてください。なお、第4講の注（5）も参照のこと。

ださい。

正統性による階層化

さて、勝負事としてのゲームには必然的に勝者と敗者がいるわけですが、趣味をめぐる闘争における勝者とはいったいどのような存在なのでしょうか。

趣味はふつう「上品／下品」「高尚／低俗」といった形容詞の対比によって語られるものですから、前者、すなわち上品で高尚な趣味の持主であると公認された人々が勝者であるというのが、さしあたりの共通了解となるでしょう。幼少時からピアノをたしなみ、洗練された家具に囲まれて読書に親しみ、休日には美術館を訪れたり、時にはオペラを鑑賞したりもする――私たちがなんとなく「上品で高尚」というイメージを抱いているこの種の洗練されたライフスタイルを実践している人々、「下品で低俗」とされている趣味（悪趣味）からは距離を置き、他から自らを区別＝差別化することに成功した人々、すなわち文字通りに distinction（卓越した品位）を獲得した人々こそが、文化的ゲームの勝利者なのです。

ただし、そもそも何が「上品」で何が「下品」であるのか、どのような趣味が「高尚」でどのような趣味が「低俗」であるのかは原則として主観の領分に属することがらであって、万人に共有された客観的基準がどこかに存在するわけではありません。したがって私たちは普通、なんとなく人々が抱いていると思われるイメージに依拠しながら趣味の良さを云々するしかないわけですが、社会学者であるブルデューは当然ながら、さまざまなアンケート調査に基づいて議論を進めていくことになります。

著者が最初に資料として掲げているのは、「好きなシャンソン歌手・音楽作品」を尋ねた階層別の統計（**表1**）［↓Ⅰ25／36表1］です。ただしここで選択肢として挙げられている歌手名（ゲタリ、P・クラーク、ブラッサンス、フェレ）は今日の日本の読者にはすでになじみが薄いものが多いので、各々の固有名詞が差別化の指標としてどのような機能をもっているのかはピンとこない人が多いのではないでしょうか。

一方、音楽作品としてはヨハン・シュトラウスの『美しく青きドナウ』、ハチャトリアンの『剣の舞』、バッハの『平均律クラヴィーア曲集』、ラヴェルの『左手のための協奏曲』の四曲が挙げられています。前の二者はいわば「大衆的なクラシック」ですから、たいてい誰もが一度はどこかで耳にしたことがあると思いますが、後の二者はある程度音楽に詳しい人でないと、「ああ、あの作品か」とすぐに思い浮かべることはむずかしいかもしれません。

このように、『ディスタンクシオン』でとりあげられているのはフランスの、しかもお

表1　好きなシャンソン歌手・音楽作品

所属階級	学歴	ゲタリ	P・クラーク	ブラッサンス	フェレ	『美しく青きドナウ』	『剣の舞』	『平均律クラヴィーア曲集』	『左手のための協奏曲』
庶民階級	免状なし，CEP，CAP	33	31	38	20	65	28	1	—
	BEPC以上	17	17	61	22	62.5	12.5	—	—
中間階級	免状なし，CEP，CAP	23	29	41	21	64	26	1.5	1.5
	BEPC以上	12.5	19	47.5	39	27	16	8	4
	—内，BEPC，バカロレア	12	21	46.5	39	31	17.5	5	4
	—内，高等教育修了	17	9	54	39	3	5	21	4
上流階級	免状なし，CEP，CAP	16	44	36	12	17	21	8	8
	BEPC以上	5	17	74	35	16	8	15	13
	—内，BEPC，バカロレア	8.5	24	65	29	14	11	3	6
	—内，高等教育修了	4	14.5	77	39	16.5	7	19	15
	・プティット・ゼコール卒	5	20	73.5	32	19.5	5.5	10	18
	・学士号	4.5	17	73	34.5	17	9.5	29.5	12
	・教授資格，グランド・ゼコール卒	—	3	90	49.5	11.5	3	29.5	12

この表の見かた——たとえば庶民階級に属する人々に，12人の歌手リストの中から好きな歌手3人を挙げてもらったところ，CEP，CAPの保持者または何も免状を持たない者のうち33%がゲタリ，31%がペチュラ・クラークの名を挙げ，16曲の作品リストから好きな作品3曲を挙げてもらったところ，65%が『美しく青きドナウ』，28%が『剣の舞』を挙げている。

CEP：職業教育証書（小学校卒相当）
CAP：職業適性証書（小学校卒相当）
BEPC：中等教育前期課程修了証書（中学校卒相当）［→Ⅱ486／1009］

よそ半世紀前の調査に基づく事例ばかりですから、読んでいてもなかなか実感できないことが多いのですが、それはやむをえないこととして、ここで重要なのは、資料の分析にあたってブルデューが導入している「正統性」という概念です。日本語で「正統」といえば「異端」の反対語で、オーソドクス orthodoxe という形容詞を思い浮かべるのが普通だと思いますが、ここで用いられているのは légitimité（形容詞は légitime）という単語で、本来は法律的に見て正当な根拠があること、すなわち「合法性」といったニュアンスをもつ言葉です。

ブルデューはこれを文化のさまざまな領域に拡大適用し、一般に上品で高尚とされるものに「正統的」という形容詞を付与しています。たとえば音楽や絵画はファッションや料理より正統的、同じ音楽でもクラシックのほうがシャンソンより正統的、さらにクラシック音楽の中でもバッハはヨハン・シュトラウスより正統的、非正統的とされるシャンソンの中でもジョルジュ・ブラッサンスはジョルジュ・ゲタリより正統的(2)、といった具合に、種々のジャンルは正統性の度合いによって次々に差別化され、複雑に枝分かれした階層区分が描き出されていくことになるわけです。

三つの趣味世界

以上の前提を踏まえた上で、ブルデューは三つの趣味世界を区別します。第一は「正統的趣味」で、先の**表1**で挙げられている音楽作品でいえば『平均律クラヴィーア曲集』や『左手のための協奏曲』、絵画でいえばブリューゲルやゴヤなどを好むという傾向によって特徴づけられるもの。第二は「中間的趣味」で、音楽作品ではガーシュインの『ラプソディー・イン・ブルー』やリストの『ハンガリー狂詩曲』、絵画ではユトリロ、ビュッフェ、ルノワールなどへの好みが特徴です。そして第三は「大衆的趣味」で、音楽作品としては先に挙げられている『美しく青きドナウ』のほか、ヴェルディの『ラ・トラヴィアータ』やビゼーの『アルルの女』のように「通俗化によって評価の落ちてしまった音楽」、シャンソンではジョルジュ・ゲタリやペチュラ・クラーク(3)のように「芸術的野心や欲望を完全になくしてしまったシャンソン」を好む傾向が見られるというのです。そしてブルデューは、こうした分類がおよそ学歴水準と社会階級に対応していると述べています【↓I 26―27／37―39】。

ここでおもな指標として用いられているのが「音楽」に関する好みであるのは、これが「数ある精神芸術の中でも最も精神主義的なもの」であるからだというのが著者の説明です。

確かに言葉を用いる文学や演劇と違って、音楽は「なにも言わないし、なにも言うべきことをもたない」純粋芸術であるがゆえに、主義主張とは無関係にその人の階級性を最も直截に反映すると言えるかもしれません【↓I30―31／41】。

舞台を現代の日本に置き換えてみても、こうした三つの趣味世界は多かれ少なかれ観察されるように思います。たとえば漠然とではあれ、クラシックは正統的趣味、ジャズは中間的趣味、歌謡曲は大衆的趣味、と考えている人は少なくないのではないでしょうか（私自身は必ずしもそう考えているわけではありませんので、念のため）。あるいは小説に関していえば、純文学は正統的趣味、中間小説[4]はその名の通り中間的趣味、大衆小説もその

（2）（前々頁）ジョルジュ・ブラッサンス（一九二一―八一）はフランスの歌手・詩人。エンターテインメントとは一線を画したシャンソン歌手で、自ら作詞した反体制的な作品をギターの弾き語りで歌い、根強い支持を集めました。ジョルジュ・ゲタリ（一九一五―九七）はギリシア出身の歌手・俳優。大衆的なオペレッタ歌手として活躍し、ミュージカル映画『巴里のアメリカ人』（一九五一）には歌手役で出演しています。

（3）一九六〇年代に活躍し、「恋のダウンタウン」をヒットさせたイギリスの女性歌手（一九三二―）。ペチュラはフランス語読みで、ペトゥラ・クラークとも表記されます。

（4）「中間小説」とは第二次世界大戦後に用いられるようになった用語で、純文学の芸術性と大衆文学の娯楽性をあわせもつ新しい小説形態を指しますが、この「中間」という言葉が期せずしてブルデューの用語と呼応しています。

名の通り大衆的趣味、という区分が可能でしょうし、映画や演劇についても、ほぼ同様の構造が見出せるにちがいありません。

もちろん、これはあくまでも「世間の通念」という、かならずしも実態の定かでない判断基準によるものですから、およそ客観的根拠はありませんし、それこそブルデューのように綿密な社会調査を実施してみない限り、安易なカテゴリー化をおこなうべきではないとも思います。しかしもろもろの文化的ジャンル（さらには具体的な固有名詞）が「正統性」の度合いによって序列化され、大まかに言って三つのパターンに分類されるという感覚は、日本でも暗黙のうちにある程度共有されているのではないでしょうか。

いずれにせよ、右の三分類を踏まえていえば、本章のタイトルに用いられている「文化貴族」noblesse culturelleという言葉が、「正統的趣味」の持主に付与される特権的な称号にほかならないことがわかると思います。

以下、ブルデューは「文化貴族の肩書」と「文化貴族の血統」という二つの大項目に分けて論を進めていますので、この順番でその内容を概観してみましょう。

貴族の本質主義

「文化貴族の肩書」の項目で注目したいのは、次の一節です。

学校の免状をともなわない文化資本の持主は、自分が実際におこなうところのものでしかなく、いわば自分のなしとげる文化的な仕事の純粋な息子であるために、いつでも自分の力量を証明してみせるよう要求されかねないわけだが、これと違って文化貴族の肩書の持主は、ちょうど本物の貴族の称号の持主についてはその存在がもっぱらある血脈、土地、人種、過去、祖国、伝統などへの忠実さによって規定され、ある行為とか技量、機能などには帰せられることがないのと同様に、ただ現に自分があるところのものでありさえすればよい。というのも彼ら文化貴族の慣習行動はすべて、それらが達成されるための源泉となる本質を肯定し恒久化するものであるために、行為者当人がもつのと同じだけの価値をそのまままもつからである。 [↓I 38／49]

この文章には「文化資本」capital culturel と「慣習行動」pratique という二つのブルデュー

的キーワードが出てきます。前者は「経済資本のように数字的に定量化することはできないが、金銭・財力と同じように、社会生活において一種の資本として機能することができる種々の文化的要素」[→『差異』25]のことであり、知識や教養のように「身体化された文化資本」、書籍や絵画のように「客体化された文化資本」、学歴や資格のように「制度化された文化資本」の三種類に分類できます。また後者は私たちが多かれ少なかれ毎日反復している習慣的な行動のことで、基本的には「物を食べたり人としゃべったりといった、ほとんど生活のあらゆる領域にまたがる日常的な行為の数々」[→『差異』127]を指します。

これらの定義を踏まえた上で、右の一節を理解するにはまず、文化資本が家庭環境と学校教育の両方によって形成されるものであることを念頭に置いておかなければなりません。両親の学歴が比較的高く、経済的にも恵まれた家庭に生まれた子供の中には、幼少時から本に囲まれて育ち、ピアノやヴァイオリンを習い、時には美術館などにも連れて行かれ、自然な形で教養や情操を培って「相続文化資本」を身体化していくケースがしばしば見られます。これにたいしてあまり豊かでない庶民的な家庭に生まれた子供は、そうした文化資本を親から受け継ぐ機会がないままに成長していくことが多いでしょう。

では、学校という場は彼らにとってどのような機能を果たすのでしょうか。教育は建前上、家庭環境による文化資本の差をとりあえず括弧に入れて、誰にたいしても平等に与えられるものですから、基本的にはスタートラインにおける差を縮める方向に作用するものと考えられます。いくら文化資本の豊かな家に育った子供であっても、勉強ができなければその利点を活かすことができずに落ちこぼれてしまう可能性は常にありますし、逆に文化資本の貧しい家に育った子供であっても、勉強さえできれば不利な立場をはね返して頭角を現すチャンスはいくらでもあるはずです。

ただし学校は相続文化資本を学歴資本に転換する装置でもあるので、それがもたらす効果には逆の面もあるということを見逃してはなりません。有利な環境に育った子供が学校教育によって才能を伸ばしてさらに有利になることもあれば、不利な環境に育った子供が能力を発揮できずにさらに不利になることもあります（というより、むしろこうした側面のほうが大きいと言ってもいいかもしれません）。つまり教育は、家庭環境による文化資本の差をむしろ拡大する方向に作用する可能性を秘めているのです。ブルデューはこれを「学校教育機関の及ぼす効果のなかでもおそらくは最もうまく隠蔽されているもの、すなわち肩書の賦与によって生みだされる効果」であると述べ、あらゆる社会集団が各個人を等級化することによって「貴族化」したり「烙印づけ」したりする「身分振り分け効果」のひとつであるとしています［↓I 38／49］。

以上のことを踏まえてみれば、先の引用で「学校の免状をともなわない文化資本の持主」

と呼ばれているのが、親から相続したものであれ自らの努力によって獲得したものであれ、実際は一定の「身体化」された文化資本の所有者であるにもかかわらず、それを学校の免状という形で「制度化」できなかったケースを指していることがわかります。俗な言い方をすれば、「〇〇大学卒」という肩書を所有している者は、わざわざ何かしてみせなくてもそれだけで「ああ、知識も教養もある人間だな」と思われるのにたいし、そうした学歴をもたない人間は、なんらかのパフォーマンスによって、自分が所有している文化資本の価値をいちいち証明してみせなければならないということです。

　そもそも貴族というのは、具体的に何かができるから貴族なのではなく、ただ貴族であるから貴族である、そして他人からも貴族であると認められる、そうした存在です。だから彼らは「ただ現に自分があるところのものでありさえすればよい」のであり、何のパフォーマンスも要求されることはありません。これをブルデューは「本質主義」という言葉で呼んでいます。「貴族階級の人間とはすなわち本質主義者なのだ」[→I 39／49]。

美的性向と価値転倒の戦略

ここで趣味の話に戻れば、学校は趣味を教える場所ではありません。しかし「学校教育機関では教わらず、また決して表だっては要求されることもない文化的慣習行動が、やはり学歴資格と密接な関連をもって変化する」[↓I 45／57]というのがブルデューの分析です。つまり学歴というのは正統的文化を保証するしるしとして機能するものであり、それ自体が趣味のヒエラルキーを形成するにあたって大きく寄与しているというわけですが、ここで彼が導入するのが「美的性向」disposition esthétique というキーワードです。

「性向」という訳語はいささかわかりにくいと思いますが、人間の行動や知覚を規定する潜在的な方向づけといった意味で了解しておいてください。したがって「美的性向」とは、ある対象を美しいものとして感じるかどうかを決定する個々人の内的傾向を指すことになります。たとえば同じエッフェル塔を見て、ある人はそれを美しいと思うかもしれないけれども、別の人は味気ないと思うかもしれない。さらに石の街であるパリの伝統的な景観を破壊するものとして、それを醜悪と感じる人もいるかもしれない。じっさい一八八七年、当時建設中だったこの鉄塔にたいして作家や画家たちが連名で抗議文を発表し、「無用にして化け物のようなエッフェル塔」と厳しく非難したのは有名な話です(5)。

(5) *Le Temps*, 14 février 1887. 抗議文の署名者のひとりである作家のモーパッサンは、エッフェル塔の中にあるレストランでしばしば食事をした、それはそこがパリの中で塔を見なくて済む唯一の場所だったからだ、という有名なエピソードの持主です。

木の皮						肉屋の肉切り台						キャベツ					
回答なしまたは趣旨不明	見苦しい	つまらない	面白い	美しい	計	回答なしまたは趣旨不明	見苦しい	つまらない	面白い	美しい	計	回答なしまたは趣旨不明	見苦しい	つまらない	面白い	美しい	計
2	14.5	46.5	21.5	15.5	100	1.5	31	46	16.5	5	100	2	28	56	10	4	100
5	1	20	37	37	100	6	15.5	48.5	24	6	100	5	16.5	63	7	8.5	100
2.9	8.5	31.5	30	27.5	100	3	28	47	17	5	100	2	17	55	13	13	100
2	3	21	32	42	100	3	29.5	32	25	10.5	100	2	17.5	48.5	19	13	100
6	1	23	25	45	100	4	30.5	29	18.5	18	100	6	9	47.5	19.5	18	100
—	3	18	23	56	100	4.5	29.5	22.5	24	19.5	100	2	16	51.5	8	22.5	100
4	3	8.5	24	60.5	100	4	23.5	23	18	25.5	100	3	11	38	21	27	100

喧嘩，キャベツ，海の夕陽，仕事中の織工，民俗舞踊，綱，肉屋の肉切り台，木の皮，有名な記念建造物，スクラップ廃棄場，最初の聖体拝領，怪我人，蛇，巨匠の絵」。

キャベツ						蛇						海の夕陽					
回答なしまたは趣旨不明	見苦しい	つまらない	面白い	美しい	計	回答なしまたは趣旨不明	見苦しい	つまらない	面白い	美しい	計	回答なしまたは趣旨不明	見苦しい	つまらない	面白い	美しい	計
1.5	28	57	8.5	5	100	1	35	16	38	10	100	1	—	1	10	88	100
—	5.5	72.5	16.5	5.5	100	—	28	22	39	11	100	—	—	6	6	88	100
2	22.5	61.5	10	4	100	1	25	23	35	16	100	1	0.5	2.5	6	90	100
2.5	17.5	49.5	14.5	16	100	3	28.5	14	30.5	24	100	3	1.5	9	8.5	78	100
2	21	56	8.5	12.5	100	3	38	8.5	34	16.5	100	1.5	1.5	4.5	6.5	86	100
3	15.5	45	19.5	17	100	4	21	17	34	24	100	4	2	10	9	75	100
4	13	41	20	22	100	2	19.5	24	9	45.5	100	2	2	20	13	63	100
20	36	28	12	4	100	20	36	4	24	16	100	20		8	8	64	100
3	14.5	48	15.5	19	100	3	18	13	38	28	100	2	3	15	17	63	100
6.5	6.5	38.5	32.5	16	100	6.5	19.5	16	29	29	100	—	—	22.5	—	77.5	100
—	21	55.5	17	6.5	100	—	22.5	8	50	50	100	—	—	14.5	8	77.5	100
3	14	47.5	13.5	22	100	4	16.5	14.5	35.5	35.5	100	3	4	14	21	58	100
6.5	6.5	52	20	15	100	5	14	20	36	25	100	6	5	10	26.5	52.5	100
2.5	18.5	49	7.5	23	100	2.5	20	14.5	35	28	100	—	5	13	24	58	100
3	11	38	21	27	100	5.5	11.5	8.5	36.5	38	100	5.5	1.5	19.5	8.5	65	100

てゆく理由もおよそのところ説明がつく。ただし明白な例外は妊婦のケースで，これは本来このカテゴリーは女性がこの対象を受けいれる率が高いのに，アンケート対象者の中に女性が少なかったことによる）。

表2-a　学歴資本別に見た美的性向

	最初の聖体拝領						民俗舞踊					
	回答なしまたは趣旨不明	見苦しい	つまらない	面白い	美しい	計	回答なしまたは趣旨不明	見苦しい	つまらない	面白い	美しい	計
免状なし，CEP（314名）	2	5	19	23	**51**	100	1	0.5	3	41	54.5	100
CAP（97名）	4	1	26	**38**	31	100	4	—	3	33	**60**	100
BEPC（197名）	2.5	7	27	**31**	**32.5**	100	3.5	—	7	33.5	**56**	100
バカロレア（217名）	2	12	43	24	19	100	2	0.5	13	**47.5**	37	100
高等教育中退（118名）	4	**13**	45	23	15	100	6	**2.5**	**13**	37	41.5	100
学士号（182名）	1	11	**53**	28	7	100	2	1	11	**49.5**	36.5	100
教授資格 グランド・ゼコール卒 （71名）	4	**15.5**	**49**	6	25.5	100	4	**6**	**22.5**	28	39.5	100

調査対象者は，次の質問に答えるよう求められた。「次のテーマで写真を撮った場合，それは美しい写真，面白い写真，つまらない写真，見苦しい写真のうちどれになると思いますか――風景，自動車事故，猫と遊ぶ少女，妊婦，静物，赤ん坊に乳を呑ませる女，工事現場の鉄骨，浮浪者の

表2-b　所属階級および学歴別に見た美的性向

所属階級	学歴	妊婦					
		回答なしまたは趣旨不明	見苦しい	つまらない	面白い	美しい	計
庶民階級	・免状なし，CEP，CAP（143名）	1.5	40	36.5	14	8	100
	・BEPC以上（18名）		39	22	11	28	100
中間階級	・免状なし，CEP，CAP（243名）	1	46	27.5	15	10.5	100
	・BEPC以上（335名）	3.5	34	30	13.5	19	100
	—内，BEPC（149名）	3.5	39	35	9	13.5	100
	—内，バカロレア（140名）	3.5	37	21	17.5	21	100
	—内，高等教育修了（46名）	4	8.5	42	13	32.5	100
上流階級	・免状なし，CEP，CAP（143名）	20	36	24	12	8	100
	・BEPC以上（432名）	3	36	22	19	20	100
	—内，BEPC（31名）	6.5	48.5	38.5	—	6.5	100
	—内，バカロレア（76名）	—	60.5	16	5	18.5	100
	—内，高等教育修了（325名）	3	30	22.5	23	21.5	100
	—内，・プティット・ゼコール卒（80名）	7.5	17.5	30	32.5	12.5	100
	・学士号（174名）	0.5	36	21.5	19.5	22.5	100
	・教授資格，グランド・ゼコール卒（71名）	4	29.5	17	20	29.5	100

BEPC以上のカテゴリー（これは形の上で比較対照する必要上設けたものだが）の内容が社会階級によってまったく同じではなく，ヒエラルキーの上になるほど高学歴者の割合が増していることは，すぐに見てとれよう（このことから，それぞれの項目でいちばん少ない回答――キャベツや蛇の場合なら「美しい」，夕陽の場合なら「つまらない」――が上の階級になるほど増え

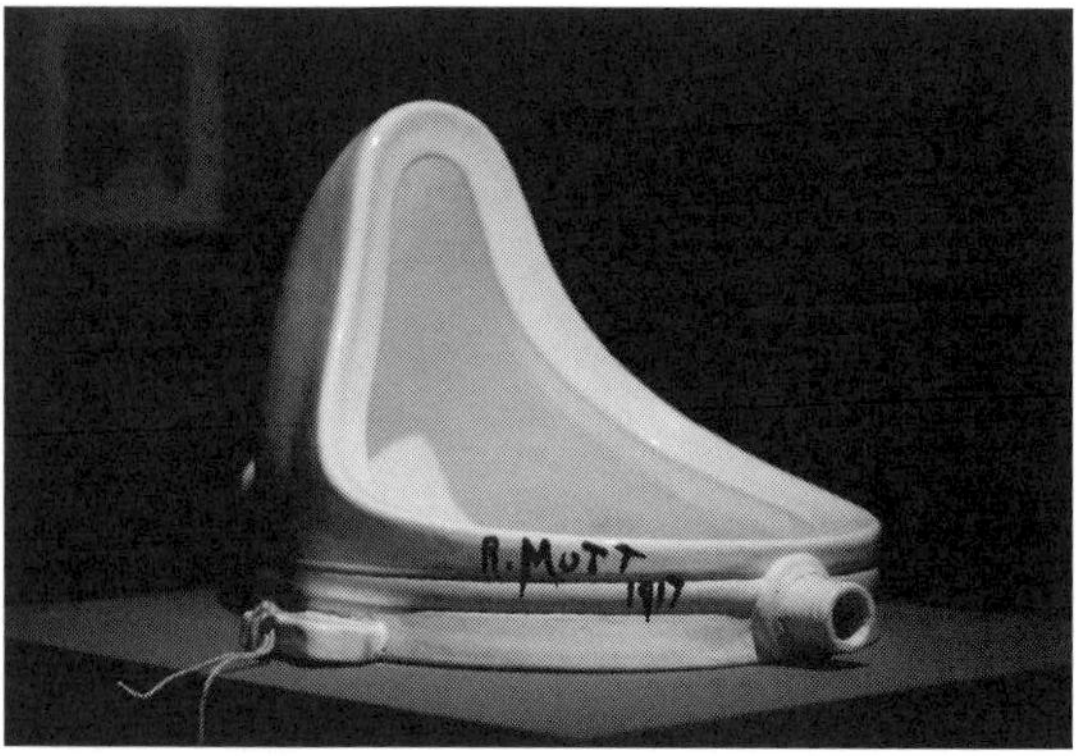

図1　マルセル・デュシャン『泉』(1917年)

ブルデューは社会階級によって美的性向がどのような違いを見せるかを検証するため、いくつかの対象(風景、自動車事故、妊婦、工事現場の鉄骨、浮浪者の喧嘩、キャベツ、海の夕陽、民族舞踊、肉屋の肉切り台、等々)を提示して、それを被写体として写真を撮ったとしたら「美しい写真」「面白い写真」「つまらない写真」「見苦しい写真」のどれになる可能性が高いか、というアンケート調査をおこなっています(**表2—a・b**)[↓I60—61/72—73表2・3]。これはなかなか興味深い資料で、たとえば低学歴層では「つまらない」写真しか撮れないという回答率が高いキャベツについて、高学歴層では「面白い」あるいは「美しい」と答えている人の割合が比較的高いとか、高学歴層では「つまらない」という答えが多い民族舞踊について、中間的な学歴層では「面白い」あるいは「美しい」と答えている人の割合が多いといった具合に、さまざまな傾向をそこから読み取ることができます。

ここには文化的エリートに特有の「価値転倒の戦略」を見て取ることができるかもしれません。一般庶民がいかにも喜びそうな対象にたいして冷めた態度を示し、逆に普通に考えるとつまらないとしか思えない対象をことさら称揚してみせるというのは、文化貴族が自らを通俗的な感性から差別化＝卓越化してみせるための常套手段であるからです。

たとえば海の夕陽というのは、「美しい」写真を撮るにはいかにも恰好の被写体であるように思えますし、実際、庶民階級では九割近くの人がそう答えているのですが、上流階級ではこの回答はだいたい六割前後にすぎません。対象があまりにも陳腐な紋切り型なので、ありきたりの通俗的な「美」の観念に与したくないという心理が働く人が四割くらいいるということでしょう。逆に、何の変哲もない写真しか撮れそうにない肉屋の肉切り台については、低学歴層の五割近くが「つまらない」写真になると答えているのにたいし、高学歴層ではこの回答は二割強にすぎず、「美しい」写真が撮れると答えている人がそれ以上の割合を示しています。

こうした戦略の代表としてよく知られている例として、マルセル・デュシャンの『泉』（一九一七年）という作品がありました。周知の通り、これはセラミック製の男性用小便器に R.Mutt 1917 と記しただけのものです（**図1**）[6]。この署名の由来や真の作者をめぐっては諸説があるようですが（デュシャン自身の作ではないという説もあります）、それはともかくとして、これはまさに普通の人々が「つまらない」あるいは「見苦しい」と判断しそうなオブジェを、インテリ層ならば「面白い」あるいは「美しい」とみなすであろう美術作品として提示するというアイロニカルな戦略の実践例であり、ブルデューの言う「美的性向」がはらむ逆説的な性格をみごとに表しているように思われます。

趣味とハビトゥス

家庭と学校という二つの環境を主要な舞台として涵養される美的性向が、ある人間が文化貴族であることの証左でありうるのは、それが「日常的な差し迫った必要を和らげ、実際的な目的を括弧にいれる全般化した能力」であり、「実際的な機能をもたない慣習行動へむかう恒常的な傾向・適性」であるからにほかなりません[↓I 85／97]。何かをしなければならない必要に迫られている人、特に生活のために稼がなければならないという要請に追い立てられている人々は、そもそも美しいものを美しいと感じる余裕もなく日々を過ごしているので、コンサートに行くとか美術館を訪れるといった、「実際的な機能をもたない」（つまり生活の役に立たない）慣習行動にはなかなか時間を割く気にはなれないからです。だから芸術作品を純粋な楽しみとして鑑賞するという行為は、それ自体が貴族的なゆとりの象徴的な指標となるわけです。

かくして美的性向とは、客観的な安全性と距離とを前提とした、世界や他者にたいする距離を置いた安全な関係の一側面である。〔……〕しかし美的性向とはまた、社会空間におけるある特権的な位置を他から区別する表現のひとつでもあって、その弁別的価値は、さまざまの異なる条件から発して生みだされてきた他の表現にたいする関係のなかで、客観的に決まるものである。およそ趣味というものがすべてみなそうであるように、美的性向もまた、人々を結びつけたり切り離したりする。つまりそれは生活条件のある特定の集合に結びついた条件づけから生まれるものなので、同じような条件から生まれた人々すべてを結びつけるのだが、同時にこれらの人々を他のすべての人々から区別するのであって、それも彼らの最も本質的な点について区別するのである。というのも趣味というのは、人間も物も含めて、人がもっているすべてののである。

（6）（前々頁）ちなみに『泉』は一九一七年にニューヨークで開催された独立芸術家協会の展覧会に出品されたものですが、展示を拒否されました。その後オリジナルは消失し、現在残っているのは一六点のレプリカのみです。

ものの原理であり、また人が他人にとってどういう存在であるか、そして人は何によって自らを分類し何によって分類されるのか、といったすべてのことの原理であるからだ。

〔↓Ⅰ87―88／100―101〕

やや長い引用になりましたが、この一節には第1章のエッセンスが集約されているように思われます。ここで述べられているのは、趣味もそれを規定する美的性向も、ある社会的位置を他から区別する（差別化する）原理として機能するということ、そしてその弁別機能は「人々を結びつけたり切り離したりする」ことにより、同じ生活条件から生まれた人々の集合を形成すると同時に、その集合とは異なる生活条件から生まれた人々の集合からこれを切り離すということです。つまりどんな音楽や絵画が好きか、どんな映画を好んで見るか、どんな本を好んで読むか、といったことは、それぞれが個別的・断片的な独立事象としての「好み」の問題なのではなく、その背後にある生活条件全体を反映する一貫した趣味判断の体系であるということになるわけです。

もちろん、ある分野の趣味が一致するからといって、別の分野の趣味がかならずしも一致するわけではありません。ある作曲家の音楽が好きだということで話が盛り上がり、好きな画家を尋ねてみたら全然趣味が違ったとか、好きな映画監督は一致したものの、好きな小説家はばらばらだったとかいった話はいくらでもありえます。

ただ、逆に「嫌いなもの」を尋ねてみることで一定の共通性があぶり出されてくるという経験は、誰しも覚えがあるのではないでしょうか。というのも、「趣味に関しては、他のいかなる場合にもまして、あらゆる規定はすなわち否定である」からです。「趣味というものは、むずかしいものでしてね。千の嫌悪から一つの趣味が生れるんです。趣味の無いやつには、だから嫌悪も無いんです」とは太宰治の小説に出てくる言葉ですが[7]、ブルデューも「趣味 goûts とはおそらく、何よりもまず嫌悪 dégoûts なのだ」と、ほぼ同じ趣旨のことを述べています【↓I 88／101】。じっさい「この種の音楽は聴くに堪えないな」とか、「あの映画は悪趣味だよね」といった具合に、何が好きかではなく、何が嫌いであるか、何を耐えがたいと感じるかという基準で趣味の話をしてみると、そこに明確な線引きができるケースは少なくありません。

このように、ある程度の一致傾向をもった人々の集合は、経済資本によって決定される階級とはまた違った意味での階級、いわば文化的階級を構成していると考えることができるでしょう。そしてこの階級性はいわゆる趣味の領域だけでなく、どんな服装をするか、

（7）太宰治「渡り鳥」、『太宰治全集9』、ちくま文庫、一九八九年、三四八頁。

どんな料理を好むか、どんな家具をそろえるかといった、生活様式全般にわたって拡大適用されうるはずです。だから「異なる生活様式にたいする嫌悪感は、おそらく諸階級間をへだてる最も越えにくい障害のひとつ」［↓I 89／101］であるわけです。ブルデューがしばしば用いる「ハビトゥス」という概念は、こうしておよその輪郭が描き出されてくる趣味や生活様式の体系として理解することができるのではないでしょうか。(8)

血統の継承

先に貴族とは「ただ貴族であるから貴族である、そして他人からも貴族であると認められる」存在であると述べましたが、これを言い換えれば、貴族のアイデンティティはその人が「為すところのもの」ではなく、「在るところのもの」によって、すなわち「貴族の血を引いていること」によって保証されるということになるでしょう。「文化貴族の血統」と題された項目では、いくつかの具体例を参照しながらこの命題が証明されていくことになります。

家庭と学校が文化資本の主要な形成の場であることはすでに述べた通りですが、ブルデューはここで二つの文化獲得様式を区別します。ひとつは「全体的で、そうとは感じられぬうちに早期からはじまり、ごく幼い時期から家庭でおこなわれる体験的習得」、もうひとつは学校でおこなわれる「遅くからはじまり、系統的で加速された習得形態」です【↓I 102／115―116】。そして前者はいわゆる貴族の家系の出身者が幼少時から貴族的な振舞い方を自然に身につけるのと同様、いわば「文化との親しみ深さ」を早期から獲得することを可能にするので、当然ながら出身階層ときわめて密接に連動していると考えられます。ブルデューはこれを「身分資本」と呼び、次のような解説を加えています。

> この身分資本は、テーブルマナーや会話術、音楽的素養、礼儀作法、テニスをすること、言葉の発音などといったさまざまな文化習得に関して、正統的文化を早期に身につけているがゆえに得られるもろもろの利点によって倍加される。先行世代の身体化された文化資本は、一種の有利さ＝前払い《アヴァンス》（はじめから備わっている利点という意味と、信用貸しあるいは手形割引という、二重の意味において）として機能し、そのおかげでこの家に新たに生まれた者は、自分にとって親しみ深いモデルのうちに実現された文化の例をはじめから一挙に与えられ、生まれたそのときからすぐに、すなわ

（8）　ハビトゥスと生活様式については、第3講であらためてとりあげます。

ち最も無意識的で最もそれと感じられないようなしかたで、正統的文化の基本要素を身につけはじめることができるのであり、不適切な習得形態をとった場合におこる不都合を修正するために必要な脱教養化、矯正、補正などの作業をしなくてすむのである。〔↓Ⅰ112／122―126〕

文化貴族の血統がいかにして継承されていくかを明快かつ端的に述べた一節でしょう。こうして生まれながらに一定の身分資本を受け継いだ者は、学歴上は同等であっても、すなわち制度化された文化資本は同等であっても、身体化された文化資本の点ではスタートラインから有利な位置に立っているので、文化貴族ではない家庭の出身ゆえにそうした資本を所有していない者がしばしば強いられる努力をしなくても済み、ある種のゆとりをもって学校生活や社会生活を送ることができるわけです。

先に述べた通り、教育の場では誰もが平等であるのが建前なので、いくら恵まれない階級の出身者であっても、ブルデュー自身がそうであったように才能があって本人が努力しさえすれば、良い成績を収めて高い学歴資格を獲得することは可能ですし、じっさい、そうした例はいくらでもあります。にもかかわらず、音楽作品の作曲者や映画監督の名前を尋ねてみると、同等の学歴者のあいだでは明らかに出身階層に結びついた差が見られるというのが、ブルデューの調査結果です。

そして興味深いのは、こうした差は学校で教えられる機会の少ない分野になればなるほど拡大する、すなわち「文学から絵画やクラシック音楽へ、さらにはジャズや前衛芸術へと移るにしたがって、大きくなる傾向がある」[↓I100／112]ということです。確かに正統的な文学に関する知識は学校教育によって提供される部分が大きいので、階級差はそれほど顕著に表れないかもしれませんが、ジャズや前衛芸術などは学校ではほとんど教えられないでしょうから、家庭に余裕があってそうした文化に触れる機会があったかなかったかという要素が強く作用することはじゅうぶん考えられます。

こうして庶民的な世界からは差別化され卓越化された世界に生まれ、なじみ深い環境に親しむことによって得られるもの、それは「より洗練され文明化された世界に自分が属しているのだという感覚」であり、「ある階級の統一性を無意識のうちに基礎づけている好み《グー》や嫌悪《デグー》、共感や反感、幻想や恐怖症などへの直接的な参入、ハビトゥスの最も深いところに刻みこまれている直接的な参入」にほかなりません[↓I121／136]。

その最も端的な表れとしてブルデューが挙げているのが、「人生における最初の体験的習得の、最も強烈で最も不変のしるし」をとどめる「食物の好み」です[↓I124／138]。確かに食事に関する好き嫌いは人間にとって趣味に関わる最初の選択であり、私たちは食物を通して最も原初的な「好《グー》みと嫌悪《デグー》」の選別を経験することになります。そして「三つ子の魂百まで」というように、その経験が大人になってもそのまま持続するケースが多いことは、誰もが身をもって知るところでしょう。「どんなものを食べているか言ってみたまえ。君がどんな人であるかを言いあててみせよう」というブリア＝サヴァランの言葉[9]はしばしば引用されますが、まさに「食」は私たちのアイデンティティそのものに関わる慣習行動なのです。

その意味で、食物とは私たちが初めて出会う文化的ゲームの賭金であり、来《きた》るべき差別化＝卓越化闘争へのイニシエーションであると言えるでしょう。フランス語で味覚と趣味がともに同じ単語（goût）であり、日本語でも趣味という言葉に「味」という文字が入っているのは、けっして偶然ではありません。まさにニーチェが言う通り、「生の一切は、趣味と味覚をめぐる争い[10]」なのです。

（9）　ブリア＝サヴァラン『美味礼賛（上）』、関根秀雄・戸部松美訳、岩波文庫、一九六七年、二三頁。
（10）　ニーチェ『ツァラトゥストラ』（世界の名著46）、手塚富雄訳、中央公論社、一九六六年、一九三頁。

第2講

あなたの場所はどこか?

〈社会空間とその変貌〉

だつて、僕は学校を出たには出たが、未だに位置などは無いんですぜ。貴方は位置々々つて頻りに云ふが。——実際位置の奔走にも厭々《あきあき》して仕舞つた。

夏目漱石『彼岸過迄』

社会的位置空間

「慣習行動のエコノミー」と題された第II部は、三つの章から成っています。その最初が第2章「社会空間とその変貌」ですが、これは全体の中でも特に読みにくい部分で、正直のところ一読して内容を把握することは容易ではありません。しかしさいわいなことに、ブルデューは一九八九年の来日時に「社会空間と象徴空間――日本で『ディスタンクシオン』を読む」というタイトルの講演を日仏会館でおこなっており[(1)]、そこでは比較的わかりやすい形で本章の趣旨を説明していますので、以下ではこちらの文献も随時参照しながら話を進めたいと思います。

まずは「社会空間」espace social という用語について、基本的なことを確認しておきましょう。右に挙げた講演において、ブルデューは次のように述べています。

(1) この講演は「差別化の構造――日本で『ディスタンクシオン』を読む」(石井洋二郎訳)というタイトルで、『ピエール・ブルデュー　超領域の人間学』(加藤晴久編、藤原書店、一九九〇年)に収録されていますが、すでに絶版ですので、本書の巻末に「補講」として再録しておきました。

私の言う「空間」とは、たがいにはっきり異なりながら共存している複数の位置の集合のことにほかなりません。つまりたがいに相手の外部にあり、たがいに他の位置との関係において、すなわち近接関係や隣接関係、あるいは隔たりの関係や序列関係によって、何々の「上に」とか「下に」とか「間に」とかいった関係によって定義されるような、そうした複数の位置の集合のことであります。[↓補講271]

つまりブルデューの言う「空間」とは通常の意味のそれではなく、他者との「近接関係や隣接関係、あるいは隔たりの関係や序列関係」によって構成された関係性の構造のことなのです。したがって「社会空間」とは、何らかの指標によって弁別された人々の社会的位置が構成する集合であり、あくまでも抽象的に構築された差異の体系であるということになります[↓『差異』第2章も参照]。

現代思想の流れを多少なりとも知っている人は、「関係性の構造」とか「差異の体系」といった言い方を見ると、咄嗟に構造主義のことを思い浮かべるのではないでしょうか。じっさい、ブルデューによる右のような「空間」の定義はまさに、言語《ラング》を差異の体系として把握する構造主義言語学の発想そのものです。じっさい彼自身も、社会空間においてはもろもろの差異が「象徴的差異となってまさに文字通りの言語体系《ランガージュ》を構成する」[↓補講

[276]と述べていて、両者のあいだに対応関係が見られることを自ら示唆しています（ただしそれゆえに、彼の議論を人間の主体性を閑却する社会的決定論として批判する向きもあるのですが、この点についてはあとでまた触れることにしましょう）。

では、ある人間が社会空間の中に占める位置はどのようにして決定されるのでしょうか。ここで指標として設定されるのが、経済資本と文化資本という二種類の資本です。前者についてはは特に説明の必要はないでしょうし、後者についてもすでに第1講で見た通りですが、ブルデューは両者を合わせた資本総量――その人が全体としてどれくらいの資本を所有しているか――と、両者の配分比率による資産構造――その人が所有している経済資本と文化資本の割合はそれぞれどれくらいか――という二つの要因によって、社会的存在である個人が他者との相対的関係においてたがいに差異化され、社会空間の中に一定の位置を占めると考えました。そして資本総量を縦軸、資産構造を横軸とする座標平面を設定し、さまざまな職業カテゴリーがどのあたりに位置づけられるかを図表化してみせたのです。これが『ディスタンクシオン』に収録されている「社会的位置空間」espace des positions sociales で、黒字で示されたものがそれにあたります（口絵図2）［→I 192―193／208―209］。

職業カテゴリーの配置

この座標平面においては、資本の所有総量が大きい職業ほど平面の上部に、小さい職業ほど下部に位置づけられ、経済資本の比率が高い職業ほど平面の右側に、逆に文化資本の比率が高い職業ほど左側に位置づけられます。つまり経済資本については右上から左下へ、文化資本については左上から右下へという二本の対角線が引かれる形になり、両者は空間の中央部で交差することになります（ブルデューはこれを「交差配列構造」と呼んでいます）。

あくまでも一般論ですが、たとえば商・工業経営者は資本総量が全体に大きいけれども、資産構造の点では経済資本のほうが文化資本よりも比率が高い（つまり経済力はあるが文化的素養はそれほど豊かでない）ことから、座標平面の右側上部に配置されます。また小学校教員は、資本総量はあまり大きくないけれども、資産構造を見ると文化資本のほうが経済資本よりも比率が高いので、座標平面の左側中間部に配置される、といった具合です。

また、フランスでも日本でもステイタスの高い職業とされる開業医や弁護士などは、この図では「自由業」（役所勤めや会社勤務ではないという意味では、「独立専門職」と呼んだほうが適切かもしれません）に分類され、[2] 中央の最上部、つまり資本の総量が大きく、しかも経済資本と文化資本のバランスがほどよくとれている位置にあります。これにたいして特に学歴や資格を必要としない単純労働者は、いずれの資本も豊かではないので、中央の低い位置にあることがわかるでしょう。

このように二次元平面上にもろもろの職業を配置することで、私たちの社会が経済資本だけによって一元的に階層化されているわけではなく、もうひとつの差異化の指標である文化資本によっても別の仕方で階層化されていること、すなわち私たちの社会的位置は両者の相関関係に基づく交差配列構造に従って複合的・重層的に決定されているということが、はっきり見えてくるわけです。

もちろん、この図はあくまでも一九七〇年代のフランス社会を対象としたものですし、職業カテゴリーの分類も日本とはかなり異なっていますので、そのままわが国に適用することはできません。また、ブルデューが亡くなった二〇〇二年から今日までの二十年足ら

（2）日本の国税庁が示している分類によれば、「自由職業」とは「医師、弁護士、作家、俳優、職業野球選手、外交員、大工」など、営業等の事業所得を主たる収入源とするものを指すとされていて、定義自体はフランスとあまり変わりませんが、そこに含まれる具体的な職業カテゴリーはかなり幅広いようで、社会的位置はかならずしも一律に高いわけではないように思われます。

ずのあいだにも、ＩＴ関連企業やコンサルティング会社が急成長を遂げ、社会的位置の配置はかなり変化したように思われますし、以前は存在しなかった新しい職業カテゴリーもずいぶん現れました。しかも今後はＡＩやロボット技術の普及にともなって、さらに新たな職種が誕生することが予測される一方、現時点で存在する相当数の職種が消滅するであろうとも言われています。このように社会空間は決して固定的な構造なのではなく、絶えず変貌を遂げているのです。

しかしそれはそれとして、現代日本には現代日本の社会的位置空間が存在するでしょうから、ブルデューの手法を応用してこれを構築することはじゅうぶん可能なはずです。じっさい彼自身も先に触れた講演の最後で、自分の提唱するモデルをぜひ日本社会にも適用してほしい、「皆さんが日本の社会空間と象徴空間を構築し、基本的な差異化の原理を明確化してくださることを、私は期待しております」と述べていました[↓補講284]。これは彼の一連の仕事にたいして、しょせんはフランス社会を対象とした「個別特殊的」なものにすぎず、普遍的なモデルとして有効なものではないという批判がしばしばなされることを意識した発言だったにちがいありません。じっさい彼は講演の前置きでも、「私としてはぜひ皆さんに、対象を個別化・特殊化するような読み方を乗り越えていただきたい」と語りかけていました[↓補講262]。

生活様式空間

このように社会的位置空間を構築した上で、ブルデューはこれと二重写しに「生活様式空間」espace des styles de vie を描き出します（**口絵図3**）［→I 192―193／208―209］。これは好きな音楽は何か、美術館にはどれくらいの頻度で行くか、普段はどんなスポーツをやっているか、どんな新聞雑誌を購読しているか、どんな食物を好んで消費するか、等々の膨大なアンケート調査の結果をもとに、同じ座標平面上に生活様式の実践状況を配置したもので、図では赤字で示されています。

こうして黒字の社会的位置空間と赤字の生活様式空間を重ね合わせてみると、たとえば自由業の近くにはピアノ、コンサート、オペラ、ゴルフ、テニス、カクテル、ブリッジなどの単語が見つかりますので、医者や弁護士は日頃からピアノをたしなみ、コンサートやオペラに足を運び、ゴルフやテニスに興じ、時にはカクテルを飲みながらブリッジを楽しむ、といったイメージがなんとなく浮かんできます。また、事務員・商店員・職工長の近くには車の手入れ・維持、日曜大工、冒険小説、地方新聞、ビール、自転車、釣りなどの単語が配置されているので、これらの職にある人たちは休みの日に車を手入れしたり日曜大工をしたりして過ごし、ビールを飲みながら冒険小説や地方新聞に目を通し、時には自転車で釣りに出かけたりする、といったライフスタイルが想像されるでしょう。

もちろん、こうしたイメージはあくまで統計資料から人為的に構成されたステレオタイプにすぎません。実際にはこれほど絵に描いたような例はほとんど見られないのが普通であって、個々のケースをとってみれば、冒険小説好きの医者もいるでしょうし、テニスを楽しむ事務員もいるでしょう。したがってこの図から浮かび上がるのは、いわば最大公約数的な虚構の職業表象にすぎないと心得ておく必要があります。

しかしそれでも社会空間の中で文化資本の比率の高い側に位置する人々、たとえば大学教授などは一般にクラシック音楽を好む傾向が強いとか、全体として下部に位置する人々、たとえば単純労働者などは美術館にはほとんど行かないというように、社会空間と生活様式空間とのあいだにある程度まで規則的な照応が見られることも事実なので、両者が一定の相互規定関係によって結ばれていることは確かのようです。

面白いのは、ペットの好みにまでこうした差異化が見られるということで、この図には書き込まれていませんが、「商業経営者（図の右側）はどちらかといえば犬を好む者のほうが多いのにたいして、知識人（図の左側）はむしろ猫を好む傾向が強い」［↓補講278］といったこともブルデューは指摘しています。一瞬「本当かな？」と思わされる話ですが、どう見ても単なる趣味の問題にすぎないように思える「犬派か猫派か」という古典的な対立が、じつは飼い主の社会的位置をある程度映し出しているのだとすれば、それはそれでなかなか興味深いことではないでしょうか。

というわけで、ブルデューの言葉を借りれば「ある位置に結びついたさまざまな性向はいずれも同質のものであり、またこの位置につきもののいろいろな要請にたいして一見奇跡的とも思えるほどに適合している」［↓Ⅰ172／187］わけですが、このことは、一見すると個人の主観や自由な判断にゆだねられているかに見える趣味や日常生活の領域にも、客観的な階級構造が濃厚に反映されているということを意味しています。したがって第3講の内容を少しばかり先取りしていえば、近接する社会的位置にある者同士は生活様式の点でも類似した傾向を示すことが多いでしょうし、逆に社会的位置の離れている者同士は生活様式の点でも異なるケースが多いということになるでしょう。

時間という第三次元

ところで先にも触れた通り、以上のような社会空間のとらえ方は、必然的に社会的決定論の色彩を帯びざるをえません。というのも、私たちの誰もがアプリオリに一定の社会的位置を割り振られており、自分では主体的な判断に従って選択していると信じている生活様式や慣習行動も、じつはすべてその位置によってあらかじめ規定され方向づけられているのだとすれば、私たちが私たちであることの意味はいったいどこにあるのか、という根本的な（いささか大げさにいえば存在論的な）疑問を抱かずにはいられないからです。

じっさい、ピアノを弾くかギターを弾くか、オペラを観に行くかサッカーを観に行くかといったことから、ウィスキーを飲むかビールを飲むか、サラダを食べるかパスタを食べるか、さらには犬を飼うか猫を飼うかといったことまで、個人の嗜好や選択が自分自身の意思や感覚によってではなく、客観的な社会的位置によって決定されているのだとすれば、もはや私たちには自由な主体性を発揮する余地などないに等しいではありませんか。

けれどもブルデューの提示するヴィジョンは、そうしたものではありません。そのことを端的に示しているのは、『ディスタンクシオン』第2章の二つ目の大項目である「三次元空間」の冒頭に見られる次のような文章です。

ハビトゥスの生産条件という観点から、すなわち基本的生活条件とそれが要請する条件づけの点で、最も均質な単位を再構成しようと努めてゆけば、資本量、資本構造、そしてこれら二つの特性の時間に沿った変化（これは社会空間における過去の軌道とこれからありうる軌道によって示される）という三つによってその基本的な三次元を規定されるひとつの空間を構築することができる。［↓I 178／193］

ハビトゥスと関連づけて社会空間の構築原理を述べた一節ですが、ここでは資本総量と資産構造という、既出の二つの差異化原理に加えてもうひとつ、「これら二つの特性の時間に沿った変化」という第三の要素が挙げられていることに注意してください。

　私たちは経済資本と文化資本の総量と配分比率によって社会的位置が決定されることを確認してきたわけですが、もしそれだけで事が完結するのであれば、社会空間とはある時点で固定された二次元の（つまり平面上の）静的《スタティック》な構造体ということになります。そして私たちはその時点で所有している経済資本と文化資本に従って、紙の上の決まった位置にいわばピン止めされ、そこから一歩も動くことができないことになるでしょう。ブルデューを社会的決定論者とする見方は、こうして社会空間から時間という要素を排除することから生まれる運命論的ニヒリズムにほかなりません。

　しかしながら、社会は言うまでもなく不断に変化しており、私たちもその中で絶えずその位置を移動させています。もちろん組織内で大抜擢されたり、思いきって転職したりするのでない限り、大幅な移動が起こることはめったにないかもしれませんが、逆に最初の位置から少しも動かずに一生を終えることはまずありえません。なぜなら、私たちの社会的位置はあくまでも他者との関係性の中で決まるものなので、自分が望むと望まざるとにかかわらず、常に（少しずつではあれ）変化することをまぬがれないからです。

したがって、**図2**および**図3**で示されたような社会空間は、あくまでもある時点で水平に切り取った二次元の共時的な断面図にすぎないのであって、実際は「社会空間における過去の軌道とこれからありうる軌道」、すなわちこの配置構造に至るまでの過去と、その後に出現するであろう配置構造の未来を結ぶ時間軸を内包した、通時的で立体的で動的《ダイナミック》な三次元空間としてとらえなければならないのです[3]。

実体論と関係論

座標平面上では可視化されないがゆえに、ともすると見過ごされてしまいかねない時間という第三次元が重要であるのは、それが社会認識における実体論と関係論という、根源的な対立に関わっているからです。

平面上の配置を見ている限り、私たちはまったく無自覚に、社会空間の構造を実体論的に把握してしまいがちです。たとえば「高等教育教授」という職業カテゴリーが図の左上に黒字で配置されていて、その近くに「ル・モンド」という項目が赤字で記されていると、大学教授はたいてい「ル・モンド」紙を日常的に購読している、と短絡的に思い込んでしまう。同様に、商業経営者はしょっちゅうホテルでヴァカンスを過ごすとか、公企業・官庁の管理職はロマネスク教会を訪ねるのが好きであるとか、あたかも社会的位置と生活様式が直接対応しているかのように錯覚し、両者を実体化して線分で結びつけてしまう。ですからこの発想でいけば、事務員はビールばかり飲んでいるとか、単純労働者はジャガイモばかり食べているといった、ほとんどナンセンスな決めつけにもつながりかねません。

ブルデューは「実体的集合としてとらえられた社会的位置や階級と、趣味や実践〔慣習行動〕との間の照応関係を、一つの機械的で直接的な関係としてとらえてしまう」【↓補講266―267】こうした思考法にたいして、次のように警告しています。

> 実体論的思考様式というのは、いわゆる常識の思考様式であり、また人種差別主義の思考様式であって、ある時点におけるある社会のなかの、ある種の個人や集団に特

（3）「共時的」「通時的」といった言葉から、ここでもまた構造主義言語学における言語《ラング》との共通性が見て取れます。

有の活動や選好を、一種の本質のうちに決定的にしるしづけられた実体的な特性として扱う傾向があるものなので、異なる社会どうしの比較ではなく、同じ社会のなかで連続する異なる時代どうしの比較を行う場合でさえ、やはり同じ過ちへと人を導いてしまいます。[4]

［↓補講268―269］

ここで「本質」という言葉が用いられていることに注意しましょう。第1講では貴族の本質主義について触れましたが、それは何かができること（能力）よりも、何かであること（存在）によって卓越性を保証されるということを意味していました。つまり他者と比べて何かがすぐれているという「関係性」よりも、他者とは無関係にそれ自体として卓越性を認知されるという「実体性」が、そこでは問題になっていたわけです。

このような本質主義は、人が対象を知覚する上でしばしば無意識に援用する「常識」に属する考え方ですが、ひとたび裏返しになって、特定の属性（たとえば「ユダヤ人」とか「黒人」とか）を実体化して貶めるために利用されると、差別や排除の正当化・固定化につながりかねない危険をはらんでいます。右の引用にいささか唐突に現れる「人種差別主義」という言葉も、そうした意味で理解することができるでしょう。だからこそ、あくまでも特定の個人や集団において一時的に観察されるにすぎない活動や選好を「一種の本質のうちに決定的にしるしづけられた実体的な特性」として扱うことには、慎重でなければならないのです。

要するに、社会空間において重要なのはあくまでも、ある社会的位置と他の社会的位置との差異であり、ある生活様式と他の生活様式との差異なのであって、そうした横の関係性によって構成される差異の体系を視野に入れずに、ある社会的位置とある生活様式をじかに結びつけ、あたかもそれぞれ実体的な特性をそなえた両者が相互の「本質」を決定しているかのような見方をしてしまうことは避けなければならない、というのがブルデューの警告の意味なのではないでしょうか。

『ディスタンクシオン』には「直線的決定という単純な次元構造しか知らない線的思考とは縁を切り、各要因のうちに宿っている錯綜した関係の網を再構築することに専念するのでなければ、慣習行動の無限の多様性を統一的であると同時に個別的なしかたで説明することはできない」［↓I 167／182］という記述がありますが、この一節は以上のような文脈に置いてみると納得できると思います。「線的思考」とは社会的位置空間と生活様式空間

（4）「選好」préférence は経済学や社会学で用いられる専門用語ですが、ここではとりあえず「さまざまな選択肢の中からどれかを好んで選ぶこと」くらいの意味で理解しておいてください。

を一対一的に結びつけてしまう実体論的思考の言い換えにほかならず、「関係の網」のほうは読んで字のごとく関係論的な差異の体系そのものを表しているからです。また、講演の中でブルデューは「比較というのはシ、ス、テ、ムどうし、の、間、でしか可能ではない」〔↓補講270〕とも語っていましたが、この言葉もやはり、実体論的・本質主義的思考の陥穽にたいする注意喚起として受けとめるべきでしょう。

社会的移動のメカニズム

座標平面として表象される社会空間が時間という第三の次元を内包しており、その上に投影された社会的位置の配置構成も連続的な変容の過程におけるとりあえずの共時的断面にすぎないのであってみれば、私たちはこれを分析するにあたって、個々の人間がどのような軌道をたどってその社会的位置に到達したのか、そして今後はどのような軌道をたどって空間内を移動していく可能性があるのか、という観点を導入しなければなりません。

この点について、ブルデューは次のように述べています。

社会空間は二つの軸――総資本量の最大値から最小値へと向かう軸と、支配的な資本の種類から被支配的な資本の種類へと向かう軸――に沿ってヒエラルキー化されているので、二つの移動形式を許容することになる。〔……〕まずひとつは垂直移動であり、これは上昇移動であれ下降移動であれ、とにかく空間の同じ垂直的領域において、すなわち同一の場においておこなわれるものである（たとえば小学校教員がリセや大学の教授になるとか、小経営者が大経営者になるとかいった例がこれにあたる）。そしてもうひとつは横断移動であり、これはある場から別の場への移動を意味していて、同じ水平面でおこることもあれば（小学校教員あるいはその子弟が小商人になるような場合）、異なる平面間でおこることもある（小学校教員あるいはその子弟が工業経営者になるような場合）。〔↓I 200―201／215―216〕

この書物としてはめずらしく明快な説明なので、特に注釈を加える必要もないと思いますが、**図2**を見ながら一応確認しておきましょう。

小学校教員は資本総量の点では空間の中程にありますが、「支配的な資本の種類」は文化資本であるので、図では左側の極に位置づけられています。その左側の領域をそのまま上にたどっていくと中等教育教授（リセの教授など）があり、さらにその上には高等教育教授（大学教授など）がありますので、これらの職業カテゴリーは「学校教育」という同じ場で垂直に並んでいることになります。したがって、ある小学校教員が一念発起して博士論文を執筆し、学位を取得してリセや大学の教授になったとすれば、その人は縦軸に沿った垂直方向の上昇移動を果たしたことになるわけです（小経営者が事業を拡大して大経営者になるというもうひとつの例は、同様の垂直上昇移動が、支配的な資本の種類が経済資本である「商工業経営」という場においておこったケースということになります）。

一方、小学校教員から視線を横にずらしていくと、図の右側の極には小商人が位置づけられていることがわかります。前者が従事しているのは「学校教育」、後者が従事しているのは「商業経営」ですから、彼らは本来、まったく別の場に属しているわけですが、もし小学校教員が（あるいはその子供が）思いきって職業を変えて商店の経営に乗り出したとすれば、これは左から右への横断移動が起こったことになります。

その場合、移動先が小商人であれば、変化するのは資産構造（文化資本優位から経済資本優位へ）だけであって、資本総量の点では大差がありませんから、同じ平面での水平移動ということになるでしょう。しかし何かのきっかけがあって事業が成功し、大規模な商業経営者（大商人）になったとすれば、資本総量も当然増大しますので、これは座標平面上では左側の中央部から右上の領域への斜め上昇移動を果たしたことになるわけです。

あるいはまた、大学教授がなんらかの事情で職を辞し、親の事業を受け継いだら経営が振るわずに小規模な商店主になったというようなケースも想定されるでしょう。これは座標平面上の左上から右側中央部への斜め下降移動ということになります。しかしいずれにしても、一般的に同じ場での垂直移動は資産構造の変化をともなわず、単なる資本量の増減に依存するので、比較的容易に起こりうるのにたいし、ある場から別の場への横断移動は資産構造そのものの組み換えを要求されるので、当人が文化資本から経済資本への、あるいは経済資本から文化資本への転換をスムーズに実現しない限り、現実にはなかなか起こり得ない事例であると思われます。

以上は個人レベルでの社会的位置の移動についてですが、他方、生活様式の配置構造に類似の移動が起こることもありえます。ブルデューは来日時の講演の中で「テニス、さらにはゴルフでさえ、今日ではもはや昔ほど支配的な位置を占めている人々の独占物ではなくなっている」こと、あるいは「乗馬やフェンシングのような貴族のスポーツも、もともとは貴族の専有物であったけれども、今ではもうそうではなくなってしまった」ことに触れ、時間軸に沿ってそれぞれのスポーツ実践がもつ意味も変化してきたことを指摘しています[↓補講269]。これはいくつかのスポーツが大衆化することによって一部の特権階級の独占物ではなくなり、生活様式空間内で下降移動した例ということになるでしょう。

つまり**図2**で示される社会的位置空間だけでなく、**図3**で示される生活様式空間のほうも時間の経過とともに変化するのであり、だからこそ両者の相関関係はますます複雑な様相を呈するわけです。

学歴資格のインフレと価値下落

こうした変化、特に稀少性の喪失による下降移動という現象は、教育制度についてとりわけ顕著に観察されます。『ディスタンクシオン』で分析されているフランスの学歴資格の分類は実感しにくいと思いますので、日本の例を見てみましょう。

四年制大学への進学率を時系列に沿ってたどっていくと、一九六〇年には男子一三・七％、女子二・五％、全体ではわずか八・二％だったのが、十年後の一九七〇年には男子二七・三％、女子六・五％、全体で一七・一％とほぼ倍増し、さらに十年後の一九八〇年には男子三九・三％、女子一二・三％、全体で二六・一％まで増加しています。男子の進学率はこのあと十五年ばかり頭打ちになりますが、女子のほうは一九九五年に二二・九％にまで数字が伸び、男女の差が縮まるとともに、全体ではほぼ三人に一人が四年制大学に進学するようになりました。その後は男女とも増加傾向が続き、二〇〇九年には初めて全体の進学率が五〇％を越えました（男子五五・九％、女子四四・二％で、全体で五〇・二％）。同一世代の半数以上が大学に進学する、俗にいう「大学全入時代」の始まりです[5]。

商品が大量に出回れば価格が下がるのと同じことで、これだけ教育の大衆化が進行して大学進学者が増えてくると、「大学卒」という肩書の価値は当然下落します。以前は進学を考えなかった（あるいはあきらめざるをえなかった）社会階層の子弟がどんどん学歴競争に参入してきたために、現在では大学を出たというだけで尊敬の対象になることはまずありません[6]。昔はある程度社会的位置の証明として機能していた学歴資格の価値がインフレによって下落すれば、本人の能力自体は変わらなかったとしても、社会空間における相対的位置は下がることになります。つまり、本質（実体）は変化しなくても、他者との差異（関係）に変化が生じるため、必然的に下降移動が生じることになるわけです。

この現象からはどのような事態が生じるのでしょうか。

こうしてそれまであまり学校というものを利用していなかった層が学歴資格をめぐるレース・競争に参加してくると、これまでもっぱら学校によってその再生産が保証

（5）文部統計要覧、文部科学統計要覧、学校基本調査報告書等の該当年度資料より。
（6）明治・大正時代までは「学士様」という言い方があり、一九二六年には『娘やるなら学士様へ』という映画まで作られました。

されていた諸集団はそのあおりを受けて、自分たちが保有している学歴の相対的な稀少価値を維持し、またそれと関連して階級構造における自分の位置を保持するために、さらに教育への投資を強化していかざるをえなくなる。学歴資格とそれを与える学校教育制度は、こうして階級間の競争の大きな争点のひとつとなり、教育の需要と学歴資格のインフレ現象をますます拡大し増大させてゆくことになるのである。

［↓I 203／218］

「これまでもっぱら学校によってその再生産が保証されていた諸集団」、すなわち親から子供への文化資本や経済資本の相続が学歴資格の獲得によって保証されていた人々は、自分たちが保有している学歴（たとえば大学卒）が教育の大衆化によって稀少価値を失い、それだけではもはや有効な指標として機能しなくなると、教育にさらなる投資をおこなう方向に駆り立てられます。そしてより高い学歴資格、つまり「有名大学卒」の肩書を獲得することによって、上昇軌道を描くまでには至らないまでも、せめて現在の社会的位置を維持するような戦略をとらざるをえません。そうすると今度は「有名大学卒」という肩書もインフレに見舞われ、相対的な価値下落をまぬがれないので、社会的下降を回避しようとする人たちは教育へのさらなる追加投資をおこない、今度は「有名大学の大学院修了」

という学歴資格の獲得を目指すようになるかもしれません。

教育の大衆化→肩書の過剰生産→学歴資格の価値下落→教育への再投資というサイクルが繰り返されるこの終わりなきプロセスを、ブルデューは「階級脱落と再階級化の弁証法的関係」と呼んでいますが、これはまさに差異が欲望を生産し、欲望が差異を生産する差別化＝卓越化のメカニズムそのものです。そしてこのメカニズムは「関係しているすべての集団がみな同じ方向に、同じ目的に向かって、同じ特性をめざして走っているということを前提とし、また要求する」のですが、その特性というのはこのレースの先頭集団が体現するものであって、「その定義からして後続集団には到達できぬもの」であると著者は述べています【↓I 252／269】。というのも、その特性が下位集団にも手の届くものになってしまった瞬間、それ自体が弁別的稀少性を失い、もはや卓越化の表徴としては機能しえなくなってしまうからです。現代日本で「大学卒」等の肩書が見舞われているのは、そうした事態にほかなりません。

第3講

強力な生成母胎

〈ハビトゥスと生活様式空間〉

勿論、夏のことですから、その夫人達や令嬢達もそうゴテゴテと着飾っていた筈はありませんが、こうして彼らとナオミとを比べて見ると、社会の上層に生れた者とそうでない者との間には、争われない品格の相違があるような気がしたのです。

谷崎潤一郎『痴人の愛』

ハビトゥスの二重性

ハビトゥスについては第1講でもすでに触れましたが、この言葉をタイトルに掲げた『ディスタンクシオン』の第3章では、冒頭にいくつかの具体的な定義が提示されています。まずはそれらを拾いあげて検討してみましょう。

> ハビトゥスとはじっさい、客観的に分類可能な慣習行動の生成原理であると同時に、これらの慣習行動の分類システム（分割原理 principium divisionis）でもある。表象化された社会界、すなわち生活様式空間が形成されるのは、このハビトゥスを規定する二つの能力、つまり分類可能な慣習行動や作品を生産する能力と、これらの慣習行動や生産物を差異化＝識別し評価する能力（すなわち趣味）という二つの能力のあいだの関係においてなのである。［↓I 261／279］

ハビトゥスは構造化する構造、つまり慣習行動および慣習行動の知覚を組織する構造であると同時に、構造化された構造でもある。なぜなら社会界の知覚を組織する論

理的集合《クラス》への分割原理とは、それ自体が社会階級《クラス》への分割が身体化された結果であるからだ。(1)〔↓I 263／281〕

いずれも一読了解というわけにはいかない込み入った文章ですが、言い方は違っていても二つの引用の意味するところは同じで、要するに、ハビトゥスには二重の側面があるということにほかなりません。

最初の引用を見てみましょう。ハビトゥスの第一の側面は、「客観的に分類可能な慣習行動の生成原理」あるいは「分類可能な慣習行動や作品を生産する能力」であると書かれています。簡単に言ってしまえば、「上品な／下品な」「洗練された／粗野な」など、一連の形容詞カップルによって分類できる私たちの日常的行動（物を食べるとか人と会話するとか）を生み出すもとになる原理がハビトゥスであるというわけです。

そして第二の側面は、「これらの慣習行動の分類システム」であり、「慣習行動や生産物を差異化＝識別し評価する能力（すなわち趣味）」であると述べられています。つまり上品な食べ方と下品な食べ方、洗練された振舞いと粗野な振舞いを弁別し、分類し、評価する能力がハビトゥスであり、私たちが普通「趣味」と呼んでいるものはこの第二の側面の別名であるということになります。

二番目の引用では、第一の側面が「構造化する構造」、第二の側面が「構造化された構造」と言い換えられています。ハビトゥスは「慣習行動および慣習行動の知覚を組織する」という生産的機能に焦点を当てれば「構造化する構造」であるけれども、同時に、社会階級の分割原理を反映しながら個々人の知覚を組織するという機能に焦点を当てれば「構造化された構造」でもある、ということです。

そもそもハビトゥス habitus とは、英語の have やドイツ語の haben の語源であるラテン語の habere という動詞から派生した名詞で、フランス語ではもっぱら患者の「体型、体質、外的特徴」を表す医学用語でした。これがブルデューらによって、個人によって身体化された知覚・思考・行動様式の一連の性向を表す社会学用語として拡大適用されるようになったわけですが、ここで重要なのは、それらの性向がただばらばらの要素として散在しているわけではなく、全体として同じ方向性をもったヴェクトルの束となり、ひとつのまとまりを形作っているということです。つまり個々人が所有（avoir）している種々の性向が一貫した体系として構造化され、その人間の存在（être）そのものと化したものがハビトゥ

（1）二つの引用に共通して出てくる「社会界」monde social という用語は、「自然界」monde naturel との対比において、社会的存在である人間が構成している世界といった程度の意味であると了解しておいてください。

スなのであり、そこから「ハビトゥスとは存在《エートル》と化した所有《アヴォワール》である」という言い方がされたりもするわけです。(2)

転移可能な性向

こうした二重性をそなえたハビトゥスが「構造化する構造」として生産するさまざまな慣習行動を方向づける性向は、必然的に「構造化された構造」としてのハビトゥスを反復再現することになるので、ある分野から他の分野へと転移することが可能になります。

ハビトゥスとは身体化された必然、つまり道理にかなった慣習行動を生成し、またこうして生みだされた慣習行動に意味を与えることのできる知覚を生成する性向へと転換された必然であって、それゆえ全般的でありかつ他の分野に転移可能な性向として、現に所有されている諸特性の習得条件に固有の必然性を、直接に獲得されてきたものの範囲を越えて、体系的かつ普遍的に適用することができるようにするものである。

［↓Ⅰ261／279―281］

このあたりの記述は少しわかりにくいので、具体例を挙げながら敷衍してみましょう。自著からの引用で恐縮ですが、『差異と欲望』の一節をそのまま借りれば、「仕事において旺盛な好奇心を発揮する人間は遊びにおいても勝利への意欲が人一倍強いとか、音楽でベートーヴェンの好きな人間は美術においても古典派絵画を好む傾向があるとか、身だしなみのきちんとした人間は言葉遣いも概して丁寧であるとかいった具合に、ある分野の慣習行動から抽出されたひとつの性向を演繹すれば、その行為者が他の分野で生産するであろう慣習行動の、さらには生活様式全般の、具体的な様相を逆に推論することができる」[→『差異』139—140]ことになります。たとえば食事作法に関して、家庭のしつけによって「音を立てずにスープを飲む」というマナーを身につけている人は、そうした振舞い方を身体的な必然として内面化しているので、別の領域、たとえば衣服に関しても、場をわきまえない奇矯な恰好をすることはなく、他人に不快感を与えないよう配慮した節度のある服装をすることが予想されるでしょう。

つまり家庭環境を通して習得されたテーブルマナーという特性は、食事作法という領域を越えたところでも体系的・普遍的な行動原理として機能するということ、言い換えれば

（2）Alain Accardo, *Initiation à la sociologie de l'illusionnisme social. Lire Bourdieu*, Le Mascaret, 1983, p. 142.

「「構造化された構造」であるハビトゥスが、「構造化する構造」として紡ぎだす慣習行動に一定の体系性を付与している」［↓『差異』140］ということになるわけです。

その結果として生じるのは、次のような事態です。

> ある一人の行為者がおこなうすべての慣習行動や仕事は、さまざまな場にそれぞれ固有の論理が要請する転換操作によって、同一の構造化する構造（作りだす方法 **modus operandi**）が生みだす多様な構造化された生産物（作りだされた作品 **opus operatum**）であり、ことさらそこに一貫性を探そうとしなくてもそれらのあいだでたがいに客観的に調和しているし、また意識的に他と協調させようとするまでもなく、同じ階級のあらゆる人々の慣習行動や仕事と客観的に協和しているものである。
> ［↓I 264／282］

すなわち、身体化された性向の体系であるハビトゥス（作りだす方法）によってもろもろの慣習行動（作りだされた作品）が生産される以上、それらは一定の原理に従って体系化されているはずであるから、一人の人間が実践するさまざまな行為の局面においてアプリオリに一貫しているのみならず、同じ階級の、したがって類似のハビトゥスを所有する他者の慣習行動ともおのずと調和しているはずであるということです。

以上が『ディスタンクシオン』第3章の冒頭部分に見られる記述の概要ですが、こうした議論を追っていくと、第2講でも触れた社会的決定論の問題がここでふたたび浮上することに気づくのではないでしょうか。というのも、私たちの知覚や行為がすべてあらかじめハビトゥスの枠内で決定されているのだとすれば、主体的な選択によってこれを逸脱するような行動を生産する余地はなくなってしまうのではないか、という疑問が生じるからです。第2講では社会空間に時間軸という第三次元を導入することによってひとつの回答を示しましたが、ここでは少し違う角度からこの疑問に答えてみましょう。(3)

習慣とハビトゥス

habitus とよく似た単語に、habitude（習慣）があります。語源は同じで、やはりラテン語の habre です。あるハビトゥスから生み出される慣習行動が、同じ個人の他の慣習行動や、

（3） 以下の記述は『差異と欲望』の第3章と一部重複する部分があります。詳しくは同書の一三五頁以下を参照してください。

同じハビトゥスを共有する他の個人の慣習行動と常に客観的に調和しているのであるならば、これはけっきょくのところ単なる習慣と同じことではないか、いったい習慣とハビトゥスはどこがどう違うのか、というのは、誰もが抱く素朴な疑問でしょう。

この疑問にたいして、ブルデューは別の書物で次のように答えています。

ハビトゥスの概念は習慣 habitude の概念から思い浮かべるものと何か似かよったことを言いあらわしていますが、にもかかわらず本質的な点でそれとは違っているのです。〔……〕この概念がいつも決まったやり方で想起させるのは、それが個人史と結びついた何か歴史的なものにかかわるということ、しかも、この概念は生成的な思考様式のなかに登録されており、(チョムスキーの用語法のなかの言語能力のような)本質主義的思考様式とは対立しているということです。〔……〕

それにしても、なぜ習慣とは言わないのでしょうか。習慣ということでおのずと考えられているのは、反復的、機械的、自動的なもの、生産的であるよりもむしろ再生産的なもの、といったことだからです。ところが、私が強調したいのは、ハビトゥスとは何か強力な生成母胎であるという発想です。(4)

要するに単なる習慣とハビトゥスの違いは、前者が歴史性（時間性）を捨象した本質主義的・実体論的思考様式に属しており、すでに個人の身体に沈殿し固着した諸特性を既存のシステム（構造化された構造）として惰性的に反復し再生産するだけのものであるのにたいし、後者は歴史性（時間性）を組み込んだ生成論的・発生論的思考様式に属しており、常に既存のシステムを更新して新たな慣習行動を生産する「強力な生成母胎」（構造化する構造）としてとらえられる点にある、ということです。

この説明はおそらく、ブルデュー社会学における最も重要なポイントに関わるものでしょう。ハビトゥスにはもちろん強い拘束力があって、そこから生産される慣習行動は多かれ少なかれその支配下にあります。しかし私たちは機械ではないので、ただインプットされたプログラムをそのまま実行するわけではありません。収集され蓄積された経験を踏まえながらも、そこから単なる過去の模倣ではない新たな慣習行動を創造し、時には予想された軌道からふと逸脱して思いもかけない振舞いに走ったりもする――それが人間というものです。そうでなかったら、つまりあらゆる行動があらかじめハビトゥスに書き込まれたプログラム通りに遂行されるにすぎないのだとしたら、それはもはや人間とは言えな

（4）『社会学の社会学』、田原音和・監訳、藤原書店、一九九一年、一六九―一七〇頁。

いでしょう。

そして重要なのは、ハビトゥスがこれらの逸脱をただ例外的な事態として排除するのではなく、そのつど新たな情報として取り込み、これを契機として自らを絶えず作り変えていく柔軟性をそなえているということです。つまりハビトゥスはいったん構築されてしまったらそのまま変化しない固定的な構造体なのではなく、自らの生産する慣習行動との弁証法的関係において、常に生成変容する自己更新力をそなえた創造的なシステムなのです。

したがってブルデューが構想するハビトゥスとは、いわば多様な逸脱や差異の揺らぎを組み入れながら成長し続ける「生きた構造」なのであり、その意味で本質主義的・実体論的な社会的決定論とはまったく異質なものであることがおわかりでしょう。

ついでに補足しておけば、彼があるインタヴューで自らの立場を「発生構造主義」structuralisme génétiqueと規定していること(5)も、以上のような文脈で理解することができます。ともすると差異の体系を静的《スタティック》なシステムとして観念しがちな構造主義にたいして、ブルデューはハビトゥスをひとつのシステムとしてとらえつつも、そこに「発生」あるいは「生成」という要素を導入することで、自らの理論の動的《ダイナミック》な側面を強調しているのです。

贅沢趣味と必要趣味

ハビトゥスの話がやや長引いてしまいましたので、先に進むことにしましょう。以上の前提を踏まえた上で、第3章ではまず食物消費の領域が具体的な分析対象とされています。

社会的位置空間が資本総量と資産構造という二つの指標に従って差異化されていることは第2講で見てきましたが、このことを念頭に置いて生活様式空間における食物消費についてのアンケート調査を見てみると、下層部では「パスタ類、ジャガイモ、インゲン豆、豚の脂身や肉など、腹にもたれ脂っこくて太る食物、しかも値段の安い食物」の消費量が多いのにたいし、上層部では「脂っこくなくて軽い（こなれやすい）、太らない食物（牛肉、仔牛肉、羊肉、仔羊肉、そして特に果物や生野菜）」の消費量が多いというように、階級別に傾向の違いが観察されることがわかります［↓I 271／289―290］。

（5）「もし私がレッテル貼りの戯れを好むなら、自分が練り上げようとしているのは、発生構造主義であると言うでしょう」（「哲学のフィールドワーク」、『構造と実践』所収、石崎晴己訳、藤原書店、一九九一年、二七頁）。なお、この用語は「発生論的構造主義」あるいは「生成論的構造主義」とも訳されます。

普通に考えると、この差異はもっぱら収入の差によって生じていると考えられがちなのですが、ブルデューは「同じ収入の者どうしでもまったく構造の異なる消費行動をする」[↓I 271／290]ケースがしばしば見られることを指摘し、そこには経済資本によって強く規定された資本総量による一次的対立だけでなく、文化資本も含めた資産構造による二次的対立が潜在していることに注意を喚起しています。

ここでブルデューが導入するのは、「贅沢趣味（または自由趣味）」と「必要趣味」の対立です。「前者は必要性への距離の大きさによって決まる物質的生活条件、すなわち資本を所有していることで保障される自由さ、あるいは時に言われるように安楽さ facilite によって定義される物質的生活条件から生まれた人に固有のもの」であり、後者は「与えられた生活条件に自らを適合させてゆくものであり、まさにその事実において、自らがいかなる必要性から生まれてきたものであるかを物語っている」ものです[↓I 272／290]。

前者（贅沢趣味）については特に説明を要しないでしょう。差し迫った経済的必要性に拘束されずに（つまり必要性への距離がじゅうぶん大きい境遇にあって）自由を享受している人々は、自分の所有している資本――経済資本だけでなく文化資本も含めて――を生活様式の維持向上に投入する余裕があるので、自分の好きなものを食べ、自分の好きな服を着て、自分の好きな娯楽に興じることができます。

一方、後者（必要趣味）については、多少説明の必要があるかもしれません。というのも、趣味という言葉はもともと「選択の絶対的自由を前提としているがゆえに典型的にブルジョワ的なものであり、自由の観念にきわめて密接に結びついている」［↓I 272／291］ので、必要性という観念とは本質的に相容れないものであるからです。「贅沢趣味」とか「自由趣味」という言い方が一種の冗語法であるとすれば、「必要趣味」というのは一種の形容矛盾であると言ってもいいでしょう。

しかし、たとえば単純労働者がお金に余裕がないのでジャガイモやインゲン豆を日常的に食べざるをえなかったとしても、その結果としてジャガイモやインゲン豆が本当に好きになるということは、じゅうぶんにありうることです。それはじつのところ自由意思によって選び取られたわけではない「強いられた選択」なのですが、彼らは「与えられた生活条件に自らを適合させてゆく」プロセスの中で「自分たちが受けいれざるをえないものを好きになる」［↓I 272／291］のであって、ここに「必要趣味」という自家撞着的な語法が成り立つメカニズムがあるわけです。

以上のような二種類の趣味の対立は、何を食べるかだけでなく、どこで食べるか、いかに食べるかといった、「食」をめぐる慣習行動の全領域に及んでいます。たとえば「各テーブルがたがいに切り離された独自の領分を構成している」レストランで、限られた人数で静かに食事をするか、「仲間の集まる場所であり、誰もがそのなかに仲間として加わる」大衆的なカフェのカウンターで、ウェイターや他の客と談笑しながら安いワインを傾けるかという対比[↓I 279―280／298]などは、その典型的なパターンのひとつでしょう。後者のような食事の仕方を好む人々は、もちろん本気でそうした雰囲気が好きなわけですが、もしレストランに行くだけの経済的な余裕があったらそちらの方が好きになるかもしれないのであって、これもまた「必要趣味」というパラドクスの結果でないとは言い切れません。

食物消費の構造

「食」をめぐる贅沢趣味と必要趣味の対立構造は、先に見た「性向の転移可能性」に従って、他の慣習行動の領域にもそのまま観察されます。そしてこの場合、主として社会空間の下層部に見られる必要趣味がどうしても経済資本に大きく規定されざるをえないのにたいし、上層部に見られる贅沢趣味は「必要性への距離」を前提としているため、そのぶん経済資本への依存度が低くなり、文化資本を加味した資産構造による違いがはっきり浮かび上がってくることになります。

このことを確認するために、支配階級における食費、被服・美容・家屋維持費、教養娯

表3　教授, 自由業, 工業実業家・大商人各層における支出構造

（単位：フラン）

	教　授		自由業		工業実業家・大商人	
	年間総額(F)	%	年間総額(F)	%	年間総額(F)	%
食費*	9,969	24.4	13,956	24.4	16,578	**37.4**
被服・美容・家屋維持費**	4,912	12.0	12,680	**22.2**	5,616	12.7
教養娯楽費***	1,753	**4.3**	1,298	2.3	574	1.3

＊食費：レストラン，社内食堂などでの食事を含む。
＊＊被服，etc.：衣類，靴，家の修理・清掃，化粧品，調髪，使用人給料。
＊＊＊教養娯楽費：本，雑誌，文房具，レコード，スポーツ，玩具，音楽，映画演劇鑑賞。

楽費という三項目の支出構造を比較した**表3**「↓I 281／300 表17」を見てみましょう。

第2講の**図2**（**口絵**）をもう一度見ていただければおわかりのように、調査対象となっている三つの職業カテゴリーはいずれも資本総量の大きい社会空間の上部にありますが、資産構造から見ると、教授は文化資本の比率の高い左側、自由業は文化資本と経済資本のバランスがとれた中央部、そして工業実業家・大商人は経済資本の比率の高い右側に位置しているという違いがあります。

そして**表3**からは、食費に関しては教授と自由業が二四・四％でまったく同じであるのにたいして、工業実業家・大商人が三七・四％と突出していること、被服・美容・家屋維持費に関しては教授と工業実業家・大商人が一二％台でほぼ同じであるのにたいして、自由業が二二・二％で二倍近くになっていること、教養娯楽費に関しては教授が四・三％で、自由業の二倍近く、工業実業家・

大商人の三倍以上の数字を示していることなどが読み取れます。

こうしてみると、一般に食費は経済資本との相関関係が強く、教養娯楽費は文化資本との相関関係が強いということが言えそうです。被服・美容・家屋維持費はその中間的な領域ということになりますが、自由業がこれに関してとりわけ（比率の点でも実際の支出額の点でも）高い数字を示しているのは、彼らがしばしば庭師などの使用人を雇用していて、その人件費が加算されているという事情にもよると説明されています。

もちろん、ただ「食費」と言ってもレストランで食べるのと自宅で食べるのとではコストが違うでしょうし、自宅での食物消費についても、工業実業家・大商人は「穀物をベースにした製品（とくに菓子類）やワイン、肉の缶詰、猟肉《ジビエ》など」を重視するのにたいして、教授は「パン、乳製品、砂糖、ジャム、非アルコール飲料など」に多く支出し、自由業は高価な肉類（仔牛、仔羊、羊）のほか「新鮮野菜や果物、魚類やエビ・カニ類、チーズ、アペリティフなど」への支出が多いというように、その内容にはかなり明確な違いがあるので[→I 282／300―301]、それぞれの具体的な中身を考慮に入れないと単純に比較することはできません。

被服・美容・家屋維持費や教養娯楽費についてはなおのこと、細目にわたる違いを勘案する必要があります。たとえば同じ教養娯楽費でも、本を買うのかゲームソフトを買うのか、コンサートに行くのかサッカーを観戦するのかでその意味は異なるでしょうし、同じ書籍でも哲学書を買うのか推理小説を買うのか、同じコンサートでもクラシックなのかロックなのかで、やはり文化的消費行動の位置づけは変わってくるでしょう。

しかしそうした細部の差異をとりあえず捨象してみれば、前述した通り、これらの慣習行動はそれぞれ独立した領域を構成しながらも、たがいに連動している面が少なからずあります。中でも食事と美容のあいだに強い関連性があることは、容易に見て取れるでしょう。

食物に関する趣味は、各階級が身体について、また食物が身体にたいして及ぼす効果、すなわち身体の力・健康・美にたいして及ぼす効果について、どんな考えをもっているか、またそれらの効果を評価するにあたって、その階級がどんな分類カテゴリーを用いているかによっても左右される。
［↓Ⅰ 286／305］

確かに体形に気を遣う人たちは脂っこいものや重たい肉類はあまり摂らないというように、美容への配慮はおのずと食物の好みに影響してくると思われます。したがってある個人の食物消費行動は、単に経済的に豊かであるか貧しいかということだけでなく、その人が所属している階級の身体表象のありようと密接に連動しており、美容や健康といった隣接領域にも必然的に深く関与してくるわけです。

あるいはもっと端的に、食物はそれぞれの社会的位置に対応する階級的身体を作り出すことに寄与する、と言い換えてもいいかもしれません。なぜなら「趣味とは自然=本性と化した文化、すなわち身体化された文化であり、身体となった階級であって、階級的身体を形成するのに加担する」［↓Ⅰ 288／307］からです。

階級的身体と外見戦略

こうして導き出された「階級的身体」という概念は、単に太っているかやせているか、頑健であるかひ弱であるかといったフィジカルな側面だけでなく、身体の用法に関わるあらゆることがらに適用可能なものとして想定されます。

> 単に身体の形態だけに関わる差異は、振舞いかたの差異、すなわちそこに社会界への関わりかたの全体が現れてくるような、身体の扱いかた、態度のとりかた、行動のしかたなどにおける差異によって増幅され、象徴的に強調される。［↓Ⅰ 291／310］

先に見たテーブルマナーもそうですが、たとえばちょっとした身のこなし、たたずまい、行儀、立ち居振舞い等々、文化人類学者のマルセル・モースが「身体技法」と呼んだもの[6]の一部をなすであろうさまざまな身体的所作に「社会界への関わりかたの全体が現れてくる」、すなわち否応なく階級性が露呈するという実感は、誰もが多かれ少なかれ抱いているのではないでしょうか。

所作だけではありません。髪型や化粧や服装など、いわゆる「外見」にまつわるさまざまな表徴がおしなべて当人の社会的位置を如実に反映していることは、容易に了解されるところでしょう。特に既存の秩序にたいする異議申し立てと結びついたとき、身体の階級性はある種の政治的意図を帯びた外見戦略として、ひときわ顕著に可視化される傾向があります。

たとえば一九六〇年代のアメリカには既成の価値観に異を唱える「ヒッピー」という一群の若者たちが登場しましたが、反抗のシンボルとも言うべき彼らの長髪スタイルやラフ

(6) マルセル・モース『社会学と人類学』、有地亨他訳、弘文堂、一九七三年。原著論文は一九三四年の講演。

なファッションは、海を越えてたちまち世界的に流行しました。これはマイナーな社会的位置に追いやられた人たちの反体制的な主張が、髪型や服装という形で具体化した典型的な例にほかなりません。

かくして階級的身体の空間が描きだされる。それは生物学的偶然は別として、その固有の論理のうちに社会空間の構造を再現する傾向をもった空間である。だからもろもろの身体的特性が、諸特性の社会階級間における分布状況と無関係ではない社会的分類体系を通して把握されるのも、決して偶然ではない。〔↓I 294／311〕

したがって、男性の服装における階級性は「上級管理職の専有物である三つ揃いのスーツと、農業従事者および生産労働者に特有のブルーの作業服」〔↓I 308／326〕という二項対立を象徴的な軸として社会空間の構造を再現することになるでしょう。

この点に関して面白いのは、フランスでも日本でも、男性の大学教員の中にはことさらノーネクタイのラフな恰好でキャンパスに来る人が少なくないという事実です。これはきちんとした組織の一員であることを示す「スーツにネクタイ」という服装を拒否することによって、自分は体制側の価値体系に組み込まれるような人間ではないとアピールするための外見戦略であると思われるのですが、さりとて彼らも決して、工事現場に似つかわしい「ブルーの作業服」で大学に来るわけではありません。豊かな文化資本によって社会空間の上層部に位置している彼らは、精神的には反体制的な志向をもちながらも、実際には社会的下降移動を実行することができないという倫理的なジレンマを抱えているために、せめて社会空間の右側（つまり上級管理職が位置する経済資本優位の領域）にはできるだけ接近したくないという意思表示を、「ラフではあるが労働着ではない」服装というアンビヴァレントな形で表現しているのでしょう。

一方、女性の場合にはファッションもさることながら、化粧についても濃厚な階級性の投影を見ることができるように思われます。たとえば毎日化粧をするという女性の割合は、世帯主の社会的位置が高い層（上級管理職・工業実業家・自由業）では五四・七％であるのにたいし、世帯主の社会的位置が低い層（農業従事者）では一二・〇％、逆に化粧をほとんどしないという女性の割合は、前者で一七・三％、後者で四八・九％と、かなりはっきりしたコントラストが見られます［↓I 311／331の表20「容姿・容貌に関する女性の価値観」］。

ただし女性にとっての化粧は、男性社会の価値観に順応するか否かという立場選択の問題とも関連してくる面があるので、化粧をしないということがかならずしも社会的位置の低さに由来する「必要趣味」であるとは限りません。美容に投資するだけの経済的余裕はあっても、男性優位の既成秩序にたいする拒否のしるしとして、つまり男性があえてネクタイをしないのと同様の趣旨で、あえて化粧をしないことを積極的に選択することはじゅうぶんありえます。

スポーツ実践と倫理的性向

こうして「食物、衣服、美容に関する選好の空間は、同じひとつの基本構造にしたがって構成されている」[↓I 317／337]ことが明確になるわけですが、このようなハビトゥスと生活様式空間の照応関係を、ブルデューはさらにスポーツ実践についても適用していますので、最後にこの点について概観しておきたいと思います。

著者はまず、同じスポーツをやっていても、そこから期待される効果や利益は人によって一様ではないということを指摘しています。挙げられているのは三つのケースで、第一に「文字通りに身体的な利益」、すなわち体がスマートになるとか、筋肉が鍛えられるといった目に見える利益、第二に「身体の内部にもたらされる効果」、すなわち健康状態の向上とか、それによって得られる精神的な安定といった目に見えない効果、そして第三に「スポーツに直接そなわっているわけではない外材的利益」、すなわちそれによって得られる交友関係とか、社会的・経済的な利益です〔↓I 319／339―340〕。

これら三種類の利益や効果は、もちろんたがいに切り離せるものではありませんが、同じテニスならテニスをやる場合でも、文字通りに体をスリムにしたい人もいれば、定期的に運動することで健康維持をはかりたい人もいれば、テニスクラブに通うことで知り合いを増やしたい人もいるでしょうから、そのいずれを主たる目的とするかで、スポーツ実践の意味は変わってくるでしょう。そしてそこには各社会集団の経済的・文化的特性が少なからず関与してくるでしょうから、やはり階級性の現れが観察されることになります。

たとえば「プライベートなクラブのメンバーで昔からテニスをやっている人々」は、テニスウエアも「ラコステのシャツ、白のショーツまたはワンピース、テニスシューズ」というようにきちんとしていて、「バミューダとTシャツとか、トレーニングウエア、さらには海水着とアディダスのトレーナー」などでプレイする「市営クラブやヴァカンス用クラブで最近テニスを始めた人々」とは明確に対立している、つまりこれら二種類のテニスは「実践形態においても、またこのスポーツが得させてくれる満足の内容においても、まったく別のテニスなのである」と、ブルデューは指摘しています〔↓I 321／343〕。

スポーツ実践におけるこうした差異は、社会空間の上部を占める支配階級の内部でも見られますが、そこで浮かび上がってくるのはどちらかといえば、職業カテゴリー間の生活信条の違い、ブルデューの用語を使っていえば倫理的性向の差異であるように思われます。

経済資本よりも文化資本の方が優位である教授層は、倫理的性向としては貴族的禁欲主義を特徴とするので、お金をかけずに楽しめる登山を好むという傾向が見られます。それはこのスポーツが「最小の経済的コストで最大の卓越化《ディスタンクシオン》、他者との距離、高さ、精神的高揚などを得る方法を提供してくれる」ものであるからです。

これにたいして経済資本も文化資本も豊かである医師や上級管理職は、健康的な快楽主義を特徴とし、ヨット遊びや沖合での海水浴、山スキー、スピアフィッシングなどを好む傾向があります。小さい頃からこれらの高級な慣習行動に親しむ物質的・文化的機会に恵まれている人の割合も、他の職業カテゴリーに比べて高いことが推測されます。

そして文化資本よりも経済資本の方が優位である経営者層は、最もお金のかかるゴルフを好むのですが、それはこのスポーツが特権的な場所で、貴族的なエチケットを守りながら行われるということから得られる卓越化《ディスタンクシオン》の利益を与えてくれると同時に、そこで醸成される人間関係という社会関係資本もまたもたらしてくれるからにほかなりません(7)〔↓I 334―335／354―355〕。

このようにスポーツ実践に関しては、どのスポーツをするのかという最初の選択自体に階級のハビトゥスが当然ながら強く関与してくるのですが、それだけでなく、そのスポーツを何のためにするのか、どのような場所でするのか、どんな服装でするのか、どれくらいのコストをかけてするのかといった、あらゆる要素に関して階級性の表徴が観察されるのです。

（7）「社会関係資本」はcapital socialの訳語で、ある集団に属することによって得られる人間関係の総体を指します。簡単に言ってしまえば「人脈」とか「人的ネットワーク」に近い概念であると考えてください。

第4講

象徴闘争というゲーム

〈場の力学〉

大晦日に最初から最後まで紅白歌合戦をみなで観るというだけならいい。嶋崎家は、精気溢れる舅も含めて、奈津紀の母が目をきらきらさせ、永遠に変わらぬ憧れをもって口にする「芸術と知」——そういう結構なものとは無縁の人たちの集まりだったのであった。

水村美苗『母の遺産　新聞小説』

芸術作品の所有化

『ディスタンクシオン』の第4章は、これまでの三章に比べるとかなり短くなっています。まずは書き出しの一節を引用しておきましょう。

以上に見てきた通り、様式的可能性の世界があるのと同じ数だけ、選好の空間が存在する。飲物（ミネラル・ウォーター、ワイン、アペリティフ）であれ自動車であれ、新聞・週刊誌であれヴァカンスの行き先や過しかたであれ、家の調度品であれ造園法であれ、また政治方針については言うまでもなく、これらの世界の各々がいくつかずつの弁別的特徴を与えてくれるのであり、それらの特徴は差異の体系、示差的な隔差の体系として機能しつつ、正統的芸術が与える最も複雑で最も洗練された表現体系とほとんど同じくらい完全に、さまざまな社会的差異を表すことを可能にしてくれるのである。そしてこれらの世界の全体が卓越化を求めて織りなす可能性にはほとんど限りがない。［↓Ⅰ346／366］

この文章は前章までの内容の明快な総括になっていますので、頭を整理するための復習材料として掲げておきました。その上で、本講ではまず「芸術作品の所有化」という話題について述べておきたいと思います。

「所有化」appropriation は、哲学用語としては普通「我有化」と訳される言葉ですが、要は「わがものにすること」、「自分のものとして所有すること」を意味する概念です。したがって「芸術作品の所有化」とは、ある芸術作品を自分のものにすることであるわけですが、その様態には大きく言って二つの場合が想定されます。

ひとつは物質的所有化で、これは文字通りに絵画などを購入して自分の資産にするといったケース、もうひとつは象徴的所有化で、たとえばショパンのピアノソナタを自在に弾きこなせるようになるといったケースを指します。前者は客体化された文化資本に関わるものですから、これを所有化するためには一定の財力、すなわち経済資本が必要とされるでしょうし、後者は身体化された文化資本に関わるものですから、あらかじめ家庭に一定の文化資本が蓄積されていることが条件になるでしょう（もちろん前者の場合も絵画の価値を識別するだけの知識や鑑賞眼が求められますし、後者の場合もピアノという楽器を所有するための財力が必要ですから、実際にはいずれの場合も二種類の資本が不可欠ですが）。

では、芸術作品を所有化することにはどのようなメリットがあるのでしょうか。ブルデューは二つの利益が得られると述べています。「ひとつは卓越化利益であり、これはその芸術作品を所有化するのに必要な手段が入手しにくいものであればあるほど大きくなる。またもうひとつは正統性の利益であり、これは特に、自分が（今ある通りのしかたで）存在し、あるべき姿でいることを正当化されているのだと感じるところに生じる利益である」［↓I 349／370］。

前者（卓越化利益）についてはとくに説明はいらないと思いますが、後者（正統性の利益）については少し補足が必要かもしれません。ここで思い出していただきたいのは、第1講で触れた「文化貴族」の定義です。そこでは彼らが本物の貴族の称号の持主と同様に、「ただ現に自分があるところのものでありさえすればよい」とされていました［↓第1講41］。これをブルデューは「本質主義」という言葉で説明していたわけですが、芸術作品の所有化によってもたらされる正統性の利益とは、まさにそれによって自分が正統的な文化貴族としての身分を保証されるという安心感であり、何かをしてみせるまでもなく他から差別化され卓越化された存在でありうるという本質主義の承認にほかなりません。

こうした利益は当然ながら、ある程度まで階級分化が進んだ社会でしか得られないことになります。文化の所有化手段が誰にとっても等しくアクセスできるような社会では、そもそも卓越化のメカニズムが作動しないので、芸術作品が文化貴族の表徴としては機能しないからです。したがって「芸術作品の物質的・象徴的所有化によって得られる象徴利益は、その作品が要求する性向と能力がどれくらい稀少なものであるかによって決まる弁別的価値、そしてその作品の諸階級間への分布状況を決定するような弁別的価値に応じてその大きさが決まってくる」〔↓I 350／370〕ことになるわけです。

演劇の生産と消費

次に芸術作品を少し拡大して、文化的生産物全体について考えてみましょう。ブルデューは「財」という経済学用語を使って、文化的財 biens culturels の需要と供給、生産と消費の相互関係について論じているのですが、その記述は相変わらず入り組んでいてわかりにくいので、ここではさしあたり、両者のあいだに「生産の場の論理と消費の場の論理が客観的に協和するような状況をつくりだす機能的・構造的相同性」〔↓I 355／375〕が見られるということを押さえておけばじゅうぶんです。

演劇を例にとって、このことを検証してみましょう。ある戯曲が舞台化されて人々に受容されるに至るプロセスを考えてみると、そこにはじつに多様な人々が関係していることがわかります。大まかにいえば劇作家、プロデューサー、演出家、俳優、アートディレクター、照明家、振付師、劇場支配人といった人々が「生産の場」を構成しており、観客、批評家、ジャーナリストといった人々が「消費の場」を構成しているわけですが、本来は相互に自律的であるはずのこれら二つの場のあいだに、実際は驚くほど完璧な一致が見られるというのがブルデューの分析です。

信頼できる演目（外国の戯曲の翻案、ブルヴァール演劇の「古典」の再演など）を舞台にのせ、確かな方法にのっとって着想され、誰もが認める俳優たちによって演じられ、「ブルジョワ」で高い入場料を喜んで払う年配の客層の心をつかんでいるブルヴァール演劇は、比較的安い入場料で、倫理的・美学的慣習とは手を切った作品を上演し、若い「インテリ」層の客をひきつけている実験演劇とはあらゆる点で対立する。生産空間のこうした構造は、作者や俳優たちと彼らの劇場、批評家、新聞などとの対立を生みだすメカニズムを通して現実の中で機能すると同時に、作者や作品、スタイル、主題などを分類し判断することを可能にするさまざまな知覚・評価カテゴリーの体系というかたちで、人々の頭の中でもまた機能するものである。

［↓Ⅰ358／379］

ちなみにブルヴァール演劇というのはもともと、一八世紀から一九世紀にかけてパリのグラン・ブルヴァール(1)（市の北部を東西に走る大通り）周辺の商業劇場で上演された波瀾万丈のメロドラマを指す言葉で、今日でも通俗的な大衆演劇の総称として使われます。これにたいしてカルチエ・ラタン周辺の小劇場を拠点とする実験演劇は、どちらかといえば大衆受けしない、難解な作品を上演することが多くなっています。

つまり娯楽性の強いブルヴァール演劇は、とりあげる作品の信頼性、演出方法の確かさ、出演俳優の知名度など、あらゆる面で観客に安心感を与えることを特徴とするのにたいし、娯楽性を売りにしているわけではない実験演劇は、しばしば前衛的な作品をとりあげ、斬新な演出を試み、無名の俳優たちを起用するなど、観客に刺激を与える意外性や挑発性を特徴とするという明確な対比が見られるのですが、生産の場におけるこうした対立は、前者の観客が「高い入場料を喜んで払う年配の客層」中心であるのにたいし、後者の観客が比較的安い入場料しか払わない若いインテリ層中心であるというように、そのまま消費の場における対立と照応しているので、両者のあいだには「機能的・構造的相同性」が成り立っているというわけです。

この対立構図は、経済資本よりもむしろ文化資本から受ける影響が大きいということ、すなわち社会空間の上下の対立よりも左右の対立に関わる側面が強いということに注意しておきましょう。そしてさらにいえば、それはパリという都市における「セーヌ右岸」と「セーヌ左岸」という空間的な対比構造にも深く関わっています。

右岸地域には大統領府や首相官邸などがあり、またサン＝トノレ通りやシャン＝ゼリゼ大通りに代表されるシックな高級ブティック街もあって、一般的に保守的・ブルジョワ的な雰囲気が強いのにたいし、左岸地域には学生街（カルチエ・ラタン）があって飲食店やカフェが多く、全体としては革新的・庶民的雰囲気が強いということはよく言われることですが、こうした文化的な対立は文字通りに政治的な「右」と「左」の対立にも呼応していて、パリの社会空間を象徴的に差異化しています。そして先に見た通り、演劇の生産空間も消費空間も、驚くほどの正確さでこのメカニズムを写し取っているのです。

以上の構造は、「作者や作品、スタイル、主題などを分類し判断することを可能にするさまざまな知覚・評価カテゴリーの体系」が反映される演劇批評という営みを通して、ジャーナリズムにもそのまま転写されています。ブルデューはフランソワーズ・ドラン[2]と

（1）マルセル・カルネ監督、ジャン＝ルイ・バロー主演の映画『天井桟敷の人々』が、グラン・ブルヴァールのタンプル大通りを舞台にしていることはよく知られています。

（2）フランスの小説家、劇作家（一九二八―二〇一八）。女優としてデビューし、シャンソン作家として活躍した後、多数の小説や戯曲を書きました。

いう女流作家の芝居、『曲り角』（一九七三年）について、保守系の「ロロール」から「ル・フィガロ」へ、中道的な「レクスプレス」から「ル・モンド」へ、カトリック系の「ラ・クロワ」から左翼系の「ル・ヌーヴェル・オプセルヴァトゥール」へ、そして最後に有名な風刺新聞「カナール・アンシェネ」へと、右から左へ順に各新聞や雑誌の劇評をたどりながら、それぞれどのような評価を下しているかを「社会学的テスト」として調査しているのですが【↓I 362―368／382―388】、そもそもこの作品はあるブルヴァール演劇の作家が前衛演劇の作家に転向しようとする姿を描いたものですから、社会学にとっては芸術消費空間のありようを映し出す恰好の材料になっているわけです。

親和力と結婚

ブルデューは芸術の生産者と消費者のあいだに見られる以上のような照応関係を一種の「親和力」とみなし、これを文化の領域からさらに人間関係一般へと広げていきます。その典型的な形は「共感や友情、あるいは愛情などによって新メンバーを選ぶコオプタシオンという行為」(3)【↓I 371／391】であり、中でも顕著なのが結婚という事象です。

最近はめっきり減りましたが、日本には昔から「見合い」という制度があって、仲介者が縁組をお膳立てすることが普通におこなわれていました。その場合、いささか不適切な言い方になりますが、家庭というのは婚姻市場に送り出すべき商品としての人間を育てる「生産の場」であると同時に、婚姻市場に出品された人間を配偶者として選択する「消費の場」でもありますから、二つの家庭のあいだに緊密な相同性が見られれば見られるほど、婚姻が成立する可能性は高くなると考えられます。

見合いの仲介者は「両家の釣り合い」なるものを必ず考えますが、そのさいに配慮されているのは、ブルデュー的な言い方をすれば社会的位置の近接性によって成り立つ階級的ハビトゥスの一致、あるいは少なくとも調和にほかなりません。本人の性格や意思もさることながら、まずは当事者が（そして多くの場合はそれ以上に当事者の親が）社会空間の中に占めている位置が問題とされるのであって、その距離が近ければ近いほど親和力は強く作用し、たがいの共感や愛情を育みやすいと推定されるわけです。したがってこの制度においては、社会空間上で遠く離れた者同士をわざわざ組み合わせる可能性は「家が釣り合わない」として、初めから排除されているのが普通です。

（3）「コオプタシオン」cooptation とは本来、ある組織やサークルなどで現会員が新会員を選考するシステムを指す言葉です。当然ながら現会員は自分とうまく調和する者を指名するでしょうから、この制度が継続する限り、メンバーの同質性は堅固に保持されることになります。

日本の見合い制度はかなり特殊なケースであり、しかも最近はずいぶん件数も減ってきたので、あまり一般化することはできないのではないか、と思われるむきもあるでしょう。(4)それはその通りですが、重要なのは、別に見合い結婚だけでなく、恋愛結婚も（あるいは結婚にまで至らなくても、恋愛という現象それ自体が）この種の親和力に少なからず支配されているという事実です。

じっさいフランスでも、半世紀以上前の調査結果ではありますが、文科系ノルマリヤン（パリ高等師範学校卒業生）の男性既婚者のうち、「五九％が教職の女性と結婚しており、さらにそのうち五八％がアグレジェ（教授資格取得者）の女性と結婚している」といいます。また中央官庁の部長クラスについてみると、これほど高い比率ではないものの、「二一・六％は父親が役人であり、二二％は父親が企業勤めであるが、さらに既婚者のうち、一六・六％が役人の父親をもつ女性と結婚し、二五・二％が企業勤めの父親をもつ女性を妻としている」そうです[→I 372／392]。理屈の上では結婚相手の選択肢はほぼ無限にあるわけですから、これはかなり高い確率であると言わなければなりません。

同様の傾向は他の職業カテゴリーについても見られることから、ハビトゥスの親和力がホモガミー（同類婚、階級内婚）を奨励する方向に作用していることは明らかのように思われます。フランスには「趣味と色については議論しないもの」（何が好きかということは人それぞれなので議論しても仕方がない）という諺がありますが、じつは「趣味は配合する。それは色彩のみならず人間も組み合わせるのであり、そうした人々はまず何よりも趣味の点から見て「似合いのカップル」をかたちづくる」［↓Ⅰ372／393］というのが実態なのです。

インターネットの普及によって、最近は婚姻戦略にも大きな変化が見られます。以前の「見合い」に代わって、今日ではいわゆる「婚活サイト」や「マッチングアプリ」で伴侶を選ぶケースも少なくありません。確かに家庭や職場などの限られた生活環境に閉じこもっていたのではなかなか出会う機会のない相手に出会う可能性が開けるという意味で、これはきわめて合理的なシステムであると言えるでしょう。しかしその場合も職業や収入、家族構成や趣味などの情報を入力することで、自分と近い社会的位置にあって自分とよく似たハビトゥスの持主であるような相手をあらかじめ絞り込むわけですから、実際に行われていることは「見合い」とたいした違いはないように思われます。

（4）日本の結婚全体に占める見合い結婚の比率は、戦後まもない頃は約六割を占めていましたが、一九六〇年代後半には恋愛結婚と逆転しました。その後も差は開く一方で、二一世紀に入ると恋愛結婚が九割近くを占めるに至ったのにたいして、見合い結婚は五―六％にまで減少しています（国立社会保障・人口問題研究所「第14回出生動向基本調査（夫婦調査）」、二〇一〇年。

いずれにせよ、何らかの形で「マッチ」した二人のあいだに成り立つ関係は、自分たちは初めから出会うべくして出会ったのだという感覚をもたらす一種の運命愛《アモール・ファチ》として受容されるので、その点で芸術作品の所有化ときわめて近い経験であるとブルデューは指摘します。

芸術愛好家は、ずっと長いあいだ「発見者」に見出だされる日を待ちながら存在してきたかに思われる彼（女）だけの掘り出しものに合わせて自分が作られていると感じるものだが、同様に好きあう者どうしは、サルトルの言葉を借りれば自分たちが「正当な理由で存在している」、すなわち「たがいに相手のために作られている」のだと感じ、彼ら自身の存在に全面的に依存している別の存在のために合わせて自分が作られている〔……〕と感じるのである。［↓Ⅰ374―375／395］

これこそが自分の探し求めていた芸術作品だという直感によって対象を所有化すること、それは同時に、その作品ためにこそ自分は作られているのだという確信をもって対象に所有化されることでもあります。そしてこの相互的な関係性は、人間を対象とする恋愛（結婚）についても、さらには人間関係一般についても変わりません。俗に「フィーリングが合う」とか「馬が合う」というのは、いわばハビトゥスの親和力がもたらす幸福な必然のことなのです。

象徴闘争の力学

関係の網目によって紡がれた差異の体系としての社会空間にあって、もろもろの社会的位置が決して固定的な不変の実体ではなく、あくまでも他の社会的位置との相関関係によって定義された一時的・相対的な状態にすぎないこと、したがって時間軸に沿って絶えず上下に、あるいは左右に移動していることはすでに述べました[↓第2講71]。それらは「静態的秩序のなかに並列された複数の場所」であるように見えながら、じつは「同時に戦略的な場所、ある闘争の場において防御や攻略の対象となる陣地でもある」からです(5)[↓I 376／397]。だとすれば、それらが構成する「生産の場」と「消費の場」それ自体も当然なが

(5) ここに見られる「闘争の場」champ de luttes という表現は、明らかに champ de bataille（戦場）という表現への参照を含んでいるように思われます。本書において、champ という用語に「界」という、どちらかといえば固定的・静態的なニュアンスの濃い訳語を充てなかった所以です。ちなみに『ディスタンクシオン』の英訳版では field という訳語が充てられています。

ら不断に変容を遂げているはずであり、それに伴って両者の相同性にも揺らぎが生じているにちがいありません。では、そこにはどのような力学が働いているのでしょうか。

まず確認しておかなければならないのは、ここで進行しているのがかつてのような「階級闘争」ではなく、「象徴闘争」であるということです。つまり問題になっているのは、プロレタリアートがブルジョワジーの独占する政治的覇権を奪取し、社会空間の構造そのものを転覆することを目指して繰り広げる現実的な闘争ではなく、さまざまな社会的位置にある人々が自分に親しい趣味や慣習行動を正統的なものとして定義し、これを支配的価値観として押しつけることを目指した、象徴レベルにおける闘争なのです。

> 経済的財あるいは文化的財の所有化をめざす闘争はまたかならず、分類されかつ分類する財や慣習行動というこれらの弁別的記号の所有化を、あるいはこうした弁別的特性の分類原理の保守または転覆をめざす象徴闘争でもある。したがって生活様式空間、すなわち卓越化の意図があるにせよないにせよ、社会空間内のさまざまな位置を占める人々がそれによって差異化されてゆく諸特性のかたちづくる世界は、それ自体としては、正統的生活様式を相手に押しつけることを目標とする象徴闘争――その典型的な例は贅沢財や正統的文化の財、あるいはそれらの財の正統的な所有化形式など、

「上流性」の標章の独占をめざす闘争のうちに見出されるが——そうした象徴闘争の、ある時点における総括表にすぎない。〔↓I 385／406〕

第1講でも述べた通り、これは「闘争」というよりもむしろ、文化の正統性を争点とした「ゲーム」と呼んだ方がふさわしいかもしれません。そこではいわゆる政治権力ではなく、「名声、評判、威信、名誉、栄光、権威など、公認の権力としての象徴権力をかたちづくるすべてのもの」〔↓I 388／409〕が獲得目標となり、すでにそれらを所有化している人々とこれからそれらを手に入れようとする人々、卓越化された現在の所有者と上昇志向をもつ所有志願者とのあいだで、熾烈な角逐が展開されます。

その過程において、前者の人々の卓越性を保証するしるしであった財や慣習行動が後者の人々によって手の届くものになってしまえば、それらは陳腐化してもはや正統性の表徴としては機能しなくなってしまうので、「一般化・通俗化の危機にさらされた弁別的特性の現所有者たちは、その結果自分の稀少価値を主張できるような要素を次々と新たな特性のうちに求めていかざるをえなくなる」〔↓I 389／410〕ことになります。こうして社会空間のさまざまな場で、終わりなき差別化＝卓越化のゲームが繰り広げられていくのです。

こうした象徴闘争は、とりわけ支配階級において、何をもって最も重要な差別化の原理とするかという定義そのものをめぐる闘争という形をとります。当然ながら経営者にとっては経済資本がそれでしょうし、大学教授にとっては文化資本がそれであるでしょう。また、職業カテゴリーによっては学歴資本や社会関係資本が最重要であるかもしれません。「いくら学歴が高くても収入が高くなければ意味がない」とか、「いくら資産家でも無教養な人間には価値がない」とか、「いくら能力があっても人脈がなければ地位は得られない」といった言い方は、それぞれの価値観に沿った資本形態を優先的な支配原理として主張する象徴闘争の戦略的な言説にほかならないわけです。

二重の物語

こうして昔の階級闘争は今日の象徴闘争へと様変わりしたわけですが、本講の最後に個人的な思い出を少しばかり語らせていただくならば[6]、いわゆる団塊の世代より少し後の世代に属する私が大学に入学した一九七〇年当時は、まだ学園紛争の余燼がくすぶっていた時代で、最近ではほとんど耳にすることのなくなった「階級闘争」とか「プロレタリア革命」といった言葉が当たり前のように若者たちのあいだで飛び交っていました。キャンパスには所せましとタテカンが立ち並び、角材を手にしたヘルメット姿の活動家たちがいたるところに群れ集ってアジ演説をぶっていました。何かにつけてデモが組織され、威勢のいいシュプレヒコールが繰り返されていましたし、投石騒ぎは日常茶飯事で、セクト同士の凄惨な内ゲバが目の前で繰り広げられたこともめずらしくありません。

要するに当時の大学には、いかに政治に無関心な学生でさえ無関心であることの根拠を否応なく問われ、いかに穏健な人間でさえ穏健であることを何らかの形で正当化せずには済まされないような空気が漂っていたのです。もちろん紛争とは無縁の大学も少なくなかったとは思いますが、それでもあの頃に学生時代を送った人間ならば、こうした雰囲気が全国的に蔓延していたことを多かれ少なかれ記憶にとどめているのではないでしょうか。つまり私たちの世代は望むと望まざるとにかかわらず、前の段落で傍点を付したような一連の語彙に集約されるひとつの「物語」をいつのまにか生きはじめていたのです。

けれどもそんな喧騒の只中にあって、生硬な用語を駆使して議論にふける政治的な学生たちの何かに憑かれたような表情を呆然と眺めながら、私自身は正直のところなんとも言いようのない違和感を覚えずにはいられませんでした。それはおそらくもうひとつの、まっ

（6） 以下の記述は、拙稿「ピエール・ブルデューと知識人の物語」（『神奈川大学評論』第57号、二〇〇七年）と一部重複していることをお断りしておきます。

たく別の物語が当時の日本社会を覆っていたことと無関係ではないでしょう。すなわち、導入講義でも触れた「一億総中流」という物語です［↓導入講義14］。

一九六〇年代の高度経済成長がもたらした「いざなぎ景気」と呼ばれる好況期を経て、誰もがひとしなみに平均的な生活水準を保持することができるようになったこの時期には、日本には言葉本来の意味における「階級」は存在しない、少なくともいわゆる西欧型のそれは存在しないという共同幻想が広く共有されていたように思います。自分は上流ではないが下流でもない、だから隣人と同じく中流なのだという感覚が、ごく一般的な自己表象として社会の隅々まで行き渡っていたのです。

上流も下流もごく一部の例外にすぎず、大半の人間が自分を中流と認識しているのであれば、実質的には階級が不在であるということに等しいわけですから、そこに闘争や革命への機運が高まる余地はありません。そんな状況の中で、まちがいなく典型的な中流家庭に育った私は、大学に進学している以上はおそらく自分と大差のない階層の子弟であったにちがいない学生たちが、どうして「階級闘争」などという概念を何の抵抗もなくもちだすことができるのか、どうして「プロレタリア独裁」などというスローガンを何の躊躇もなく口にできるのか、ごく単純にそのことが不思議でなりませんでした。

共産主義社会の到来を見据えたマルクス主義史観への思い入れと、誰もが横並びで微温的なプチブル生活を享受できる一億総中流社会への安住――これらは本来たがいに両立し得ない二律背反的なスタンスであり、一方に加担すれば他方には参与しえないたぐいのものであるはずです。ところが前例を見ない経済の活況と過激な大学紛争がほぼ同時に進行していた一九六〇年代後半から七〇年前後にかけての日本では、奇妙なことにこれら二つの物語が矛盾なしに、あるいは矛盾をはらみながらもそれを決定的には露呈させることなしに、微妙に重なり合った形で並存していたような気がするのです。つまり私たちは曖昧な自家撞着を抱え込みながら、「階級」をめぐる二重の物語を生きていたのです。

その後、日本はバブル景気とその破綻を経験した後、ふたたび格差社会への道をたどっていきました。そんな経緯を踏まえた上であらためて『ディスタンクシオン』を読み返してみると、経済格差もさることながら、最近とみに注目されつつある教育格差や文化的格差が、まさにブルデューの言う「象徴闘争」の日本的な表れにほかならないということが再確認されるように思います。

第５講

贅沢は敵ではない

〈卓越化の感覚 ―― 支配階級〉

金持ちになったり金持ちに生まれたからといって優雅な生活をおくれるとは限らない。優雅な生活の感覚がそなわっていなければ。

オノレ・ド・バルザック『優雅な生活論』

（山田登世子訳）

三つの因子

『ディスタンクシオン』の原書は全体で一冊ですが、邦訳は二冊に分かれていて、ここから後半に入ります。第一分冊は第I部（第1章）と第II部（第2章〜第4章）から成っていましたが、第二分冊は全体が第III部「階級の趣味と生活様式」に相当し、第5章から第7章までは前半で提示された理論的な内容を三つの階級ごとに詳しく検証、これに文化と政治の関係を扱った第8章が続き、最後に結論と追記が付け加わる形になっています。つまり第一分冊が総論であるとすれば、第二分冊は各論にあたるわけで、その意味ではちょうど中身に対応した構成になっていると言えるでしょう。

第5章で分析対象となっているのは、社会空間の上層部、すなわち支配階級です。本書の第2講では社会的位置空間（**図2**）と生活様式空間（**図3**）を重ね合わせた全体図を見ましたが【↓口絵】、このうちの上層部を拡大し、趣味や生活様式の分布と職業カテゴリーの分布を重ね合わせて両者の照応関係を示したのが**口絵**の**図4**（黒字）と**図5**（赤字）です【↓II 11／531 図11・12】。したがってここに含まれるのは経済資本と文化資本が両方とも豊かな自由業（医者、弁護士など）を中心として、左側（文化資本の比率が高い軸）に位置する高等教育教授・芸術制作者、右側（経済資本の比率が高い軸）に位置する商業経営者、そしてやや中央のやや下に位置する上級技術者、左下に位置する中等教育教授、右下に位置する工業経営者といった職業カテゴリーになります(1)。

それぞれの趣味や生活様式については折に触れて見てきましたので、ここで細かく繰り返すことはしません。また、利用されている統計資料についても、好きな歌手や音楽作品を尋ねたり、いくつかの対象を被写体とした場合にどんな写真が撮れると思うかを尋ねたりするアンケート調査など、すでに第1講で扱ったものがふたたび用いられていますので、あらためてとりあげることはいたしません。

ところでブルデューは本章で、「因子」facteurという言葉を何度も用いています。これは統計学用語ですので、正確な定義は専門書を参照していただきたいと思いますが、要はある事象を引き起こす原因になっている要素ということで、さまざまな統計調査から得られる情報の裏に潜んでいる共通要因のことであると理解しておけばいいでしょう。ブルデューは種々のアンケート調査の結果から、支配階級の配置構造を決定するものとして三つの因子を抽出しています。

第一因子は「正統的能力」で、「絵画・音楽の知識あるいは選好についての質問、および美術館を訪れる頻度についての質問」から導き出されます。第二因子は「美的・倫理的性向」で、前者〔美的性向〕は先に言及した写真についての質問、後者〔倫理的性向〕は「インテリア、家具、料理、衣服、友人などの選択についての質問」からうかがうことができます。そして第三因子は「中間文化にたいする性向」で、「シャンソン、ラジオ番組、読書などの選好についての質問、俳優や映画監督についての知識をためす質問、写真を普段やっているかどうかといった質問」から推定することができるものです〔↓Ⅱ8／528—529〕。

以上三つの因子がそれぞれ「卓越化の感覚」をどのように組織し、支配階級の構造を決定するのにどのような形で関与しているかを分析することが、第5章の主要な内容ということになります。

支配階級内の差別化

ブルデューはまず、「第一因子〔正統的能力〕によって文化資本の最も豊かな集団と経済資本の最も豊かな層が対立する。つまり商業経営者が一方の極に、高等教育教授または芸

（1）図5の文字だけ見ると中等教育教授が中央、上級技術者が右側にあるような印象を受けますが、それぞれの区画を見てみれば、配置はむしろ逆であることがわかります。

術家が反対側の極にそれぞれ位置するのであり、自由業の人々や管理職、上級技術者などが両者の中間的位置を占める」〔↓Ⅱ9／529〕ことを確認します。文化的正統性の高さによってこうした配置構造が生じることはこれまでも繰り返し述べてきたことなので、特に説明の必要はないでしょう。

次に著者は、「第二因子〔美的・論理的性向〕に最も大きな寄与をもたらすのは、ブルジョワ階級にどれくらい昔から所属しているかによって決まる諸性向の指標である」と説明しています。これは**図5**の上下に記されている「ブルジョワ階級への古参性」という指標に相当するものです。

　ある社会的軌道と文化資本の獲得様式とが身体化された痕跡である倫理的・美的性向は、主として正統的文化にたいする関係のなかに、また毎日の生きかたの細かい局面のなかに現われてきて、ほぼ等量の文化資本をもっている人々をたがいに分け隔てる。これを個人の側から見た場合、この第二因子が各集団の内部で、ずっと以前からブルジョワ階級に属している者と、つい最近ブルジョワ階級に上昇してきたいわゆる成り上がり者とを対立させるということ、言い換えれば、特権のなかの特権、つまり特権への古参性をもっている者、すなわち稀少で「卓越した」物や人々、場所や映画演劇等に早期から日常的に接することを通して文化資本を獲得した者と、学校教育制度に窮屈にしばられて、あるいは独学によってさまざまなものに出会うにまかせつつ、努力の結果文化資本を獲得したために、文化にたいしてよりきまじめで、厳格で、さらにはこわばった関係をさえもっている者とを対立させるということは、納得がいく。

〔↓Ⅱ13―14／534〕

同じ職業カテゴリーに属していて、量的にはほぼ等しい文化資本の所有者であっても、それをどのようにして獲得したか、すなわち昔から代々続いてきたブルジョワ家庭（いわゆる旧家、名家）に生まれ育って自然に身につけてきたのか、それともそうした家庭環境には恵まれなかったので、学校で勉強したり自分で必死に努力したりして身につけてきたのかによって、おのずと差異が生じるということです。ここに導入されているのが時間（あるいは歴史、伝統）という要素であることは、言うまでもないでしょう。「ずっと以前からブルジョワ階級に属して」いて「特権のなかの特権、つまり特権への古参性をもっている」前者のような人々は、まさに第1章で「文化貴族」と呼ばれていた存在にほかなりません。これにたいして「つい最近ブルジョワ階級に上昇してきた」後者のような人々は、歴史や伝統をもたない新参の「成り上がり者」として明確に区別されることになるわけです。

引用の冒頭に見られる通り、倫理的・美的性向は「ある社会的軌道と文化資本の獲得様式とが身体化された痕跡」なので、文化資本の獲得様式の違いは文化との関わり方それ自体に否応なく影響を及ぼします。文化貴族の場合は子供の頃から日常的に洗練された事物に接したり質の高い経験をしたりしてきたので、何の支障もなく余裕のある姿勢や自然なゆとりを身にまとうことができますが、成り上がり者は苦労して（学校で、あるいは独学で）文化資本を手に入れてきたので、どうしてもその振舞いにはぎこちなさがつきまとい、何かにつけて気おくれを感じたり無用の気負いや緊張感を覚えたりせずにはいられません。

そして「第三因子〔中間文化にたいする性向〕は、個人のレベルでいえば教授、そして特に芸術家——彼らは教授層よりもっとブルジョワ趣味をきっぱり拒絶する傾向がある——の大多数、および商業経営者にたいして、自由業、工業実業家、管理職のうち、（その出身階層、住居、教育において）最も典型的にブルジョワ的な人々を対立させる」もので、一次的には「ブルジョワ趣味」と「インテリ趣味」の対立（教授や芸術家の場合）、そして二次的には「ブルジョワ趣味」と「中間的趣味と大衆趣味の特徴を集めた、ネガティヴに定義されるような趣味」の対立（商業経営者の場合）という形で定式化されます〔↓Ⅱ15—16／536—537〕。

ここでブルジョワ趣味というのは、絵画でいえばヴァン・ゴッホやルノワール、友人に出したい料理としては伝統的なフランス料理を好むといった具合に、いかにも多くの人たちが支持しそうな、中間文化に近い穏健で安心できる嗜好を指します。文化的意識の高い教授や芸術家は、そうした当たり障りのない保守的な選択を拒み、中間文化から意識的に距離をとろうとする傾向があるので、絵画でいえばゴヤやブリューゲル、友人に出したい料理としては独創的で異国風の料理を好むというように、いささか身構えた、と同時に大胆でもあるインテリ層に特有の趣味を示します。これにたいしてその対極に位置する商業経営者は、逆に中間文化を越えて大衆文化に接近する（音楽でいえば「美しく青きドナウ」を好む）ような傾向を示すという点で、インテリ趣味とは別の意味でブルジョワ趣味との対比を示しているわけです。

行動様式と象徴的利益

以上のように差別化された支配階級内の諸集団は、同じ文化的慣習行動にあたっても異なる行動様式をとることが推定されます。たとえば観劇に出かける場合、ブルジョワ趣味の持主である自由業や工業実業家、上級管理職などは、上演作品そのものを観に行くというよりも、自らの経済力を確認するために行くという側面が強いので、高級な劇場のいちばん高い席をとり、その場にふさわしいお洒落をして出かけ、芝居が終わった後は予約しておいたレストランで食事をするといったケースが少なくありません。観劇に付随するこうした行為は、いわば自分の卓越した社会的位置の証明という象徴的利益をもたらすための戦略であると言えるでしょう。

オペラやコンサートでも事情は同じで、たとえばパリのオペラ座などでは、華やかなドレスや上等なスーツを身にまとった人たちがロビーを闊歩し、幕間にはシャンペンやワイン片手に談笑するといった光景が見られ、劇場はさながらブルジョワの社交場といった趣を呈します。彼らにとって劇場とは、ただ芝居を観たり音楽を聴いたりするだけの場所ではなく、あくまでも自分たちが上流社会の一員であることを主張し、みずからの貴族性を誇示するための舞台装置なのです。

これにたいして、インテリ趣味の持主である教授や芸術家たちの行動様式はかなり異なります。

定評あるインテリであれ駆け出しのインテリであれ、およそ知識人にとって劇場や展覧会、芸術映画館などに通うという慣習行動は、その行為が頻繁に実行されてほとんど専門家のルーティンに属するものになっているため、それだけで非日常的側面をすっかり奪われてしまい、いわば最小のコストで最大の「文化的収益」をあげることの追求といった様相を帯びてくる。そしてそのためにはこれ見よがしの浪費や、作品の象徴的所有化によって得られる以外の満足感は、いっさいあきらめなくてはならない（彼らの一人はいみじくも、「劇場に行くのは芝居を見るためであって、自分を見せびらかすためではない」と言っている）。彼らが自分の慣習行動の象徴的利益が生じるのを期待するのは作品そのものから、作品の稀少価値とその作品について彼らが（劇場を出てすぐに、「一杯やりながら」、あるいは講義や記事、著作などのなかで）展開するであろう言説からなのであり、彼らはそれによって作品の弁別的価値の一部を所有化しようと努めるのである。［↓Ⅱ22／543］

つまり知識人層にとっては、芸術作品に触れてそれについて語ったり文章を書いたりすることがしばしば仕事の一部をなしているので、劇場に出かけること（あるいは美術館や映画館に足を運ぶこと）自体はいわば日常の営みであって、その行為が非日常的な（ハレの）華やかさを帯びることはまずないというわけです。したがって、彼らはことさら派手に着飾って出かけることもないし、芝居がはねてもその辺のカフェでビールでも飲みながら議論に熱中するのが普通であって、わざわざレストランを予約して食事をすることもめったにありません。「劇場に行くのは芝居を見るためであって、自分を見せびらかすためではない」という言葉は、彼らのこうした行動原理を端的に表しています。

一方、美術館は誰もがいつでも気軽に足を運ぶことのできる施設であり、劇場と違って入場料は一律ですし、特別な服装をしていく必要もないので、ブルジョワ趣味が期待するような社交的な「ハレ」の満足感はいっさい味わわせてくれません。つまりそこは「純粋美学が要求する高度に純化され昇華された楽しみしか絶対に提供してはくれない」[↓II26／547]場所なので、劇場のような差別化の指標にはなりえないことになります。

ただしそこから得られるものは、絵画や美術品そのものに接することによって得られる「高度に純化され昇華された楽しみ」であると同時に、あるいは場合によってはそれ以上に、自分は何か文化的な行為を達成したのだという満足感であるのかもしれません。じっさいブルデューは、美術館に行ってはみたものの「無理やり規律を自分に課している」ような気がして「とても退屈」だったと告白するある上級技術者の言葉を引用しているのですが、彼が展示作品をかなり足早に見てしまったことについて、「この美術館は見た、と自分に言えるようにするため」と率直に語っているのは、ある意味で真実を突いているような気がします。ルーヴル美術館を訪れて『モナリザ』を見たとき、じつはそれが美的体験として与えてくれる感銘より、「あの名作の実物を見た」と自分に（そして他人にも）言えることのほうが大きな意味をもってしまうというのは、私たちの誰もが抱いている正直な実感なのではないでしょうか。

つまり「美術館に行く」という慣習行動は、支払う入場料とか服装といった行動様式そのものの面ではほとんど違いを生まないとしても、そこから何を期待しているのか、そこから引き出せる象徴的利益は何かという点では決して一様ではないのであって、やはり個人と文化との関係を色濃く映し出しているのです。

贅沢財の世界

ところで美術館と対比されるべき場所として、画廊というのがあります。絵画を純粋に美的な対象として、つまり私有化することのできない公共財として展示する美術館と異なり、そこは「他の贅沢品を売る店（いわゆる「ブティック」、骨董品店など）と同じく、鑑賞の対象となりうるのみならず、実際に購入できる物を提供する」［↓II 27／548―558］ので、必然的に経済原則の介入を許容することになります。「所有化」の二つの様式については第4講の冒頭で触れましたが［↓第4講116］、画廊では美術館が可能にする象徴的所有化と、商店が可能にする物質的所有化の両方が、同時に成立すると言ってもいいでしょう。

その結果、絵画を物として所有するという行為には二重の価値が与えられることになるのですが、これは芸術作品に限らず、贅沢財一般について言えることです。ブルデューは「コネサンス・デ・ザール」[2] *Connaissance des arts* という雑誌でとりあげられている対象から、アクセサリー、毛皮、じゅうたん、家具、照明器具、陶磁器、豪華版の書籍、高級車などの動産、シャトー、豪邸、領地などの不動産、シャンペンやワイン、コニャックなどの贅沢品を抜き出して列挙していますが、それらのプロモーションのために作られた文章のカタログを見ると、いわゆる通人 **connaisseur**、すなわち単に経済力があって贅沢品を物質的に入手できるだけでなく、その象徴的な価値がわかるだけの「見る目」をもった人間であることを自認する人々に訴えるような言葉が並んでいて、興味が尽きません。

典型的な例を引いてみましょう。

プランス・ド・コニャック——これについて語るには、コニャック用語のなかでも非常に古い言葉を使わなくてはなりません。まずは肉付き。コニャックのこくの質ということです。プランス・ド・コニャックはいい肉付きをしていますが、それは脂肪分のない肉付き、筋肉そのものでできた引き締まった肉付きなのです。ルーベンスの絵にたいするボッティチェリの絵とでもいったところでしょうか。次に華。コニャックの貴族ともいうべきフィーヌ・シャンパーニュ〔最高級ブランデー〕を生みだすブドウの花の匂いを言います。時代を経たフィーヌ・シャンパーニュであるフランス・ド・コニャックには華がある。それも優雅で洗練された華、気高く由緒正しい華があるのです。

〔→Ⅱ38／559。「こく」の傍点のみ引用者〕

「肉付き」の原語はcharnuで、本来は「肉のついた」という意味の形容詞ですが、ここではそれを名詞化して用いています。また「華」は文字通りの「花」fleurで、もともと「精華」とか「精髄」という比喩的な意味がありますが、ここでは右の通りの特殊なニュアンスで用いられています。これらの「非常に古い」コニャック用語を意図的に使用し、限られた特権的な人々にしかわからない伝統の重みや由緒正しさを強調することで、通人とされる人たちの自尊心をくすぐろうとする戦略が如実にうかがえる文章です。

特に面白いのは、ルーベンスとボッティチェリを対比しているところで、確かに同じ

(2) 一九五二年に創刊された雑誌で、現在も続いています。誌名を直訳すれば「諸美術の知識」で、洗練された美術品、骨董品、装飾品等についてのさまざまな情報を提供することを目的としており、予約購読者は五万人と言われます。

図6　ルーベンス『鏡を見るヴィーナス』（1613-14 年）

図7　ボッティチェリ『ヴィーナスの誕生』（1485 年頃）

ヴィーナスでも、前者の描く豊満で肉感的な女性像（図6『鏡を見るヴィーナス』）と後者の描くスリムで透明感のある女性像（図7『ヴィーナスの誕生』）を比べてみると、両者の違いは歴然としていますから、なかなか言い得て妙だなと感心せずにはいられません。ただしその卓抜さを理解するには二人の画風を熟知していることが必要ですから、これは一定の文化資本を所有している読者を選別する一種の目配せにもなっているわけです。

もうひとつ例を見てみましょう。

> 何人かの通人にとっては、フランスにはただ一つのビールしかないものです。もちろんそんな人は多くありません。しかし通人は通人になるほど、満足させるのがむずかしくなります。そこでわが社の専売商品。ある人たちが一六六四〔クローナンブールのビールの銘柄〕しか贔屓にしないのは、ただ単に一六六四が他にない喜びを与えてくれるからです。めったに得られない喜び（……）しかもそれは、三百年の伝統をもった喜びなのです（……）本物の味を見直してみるのも、時にはいいものです。
> 〔↓Ⅱ39／560〕

「違いのわかる」通人を自認する人たちの自尊心に訴えようとする戦略は、ここにもはっきりうかがうことができます。彼らにとって重要なのは、自分たちが選ばれた特別な人間であり、ごく数の限られた集団に属しているということの確認です。だから銘柄が無数にあるビールのような大衆的な飲料についても、あるいはビールのような大衆的な飲料であるからこそ、それが「ただ一つ」であること、「専売商品」であること、「他にない」こと、「めったにない」ことが意味をもつのです。売り手の側からすれば、そのように自社の商品を他から差別化し卓越化することが、買い手の側の選良意識にフィットする最善の戦略ということになります。「三百年の伝統」という古さへの言及も、「本物の味」という正統性への参照も、この戦略をさらに有効なものにするためのレトリックにほかなりません。

古参ブルジョワジーの生活様式

ブルデューは支配階級を構成する三つの職業カテゴリーに属する三人の人物のインタヴューを参考資料として掲げているのですが、そこからは生活様式を通して古参ブルジョワジーの特性を具体的にうかがうことができます。

最初に登場するのはパリ在住の四十五歳の弁護士で、大ブルジョワの家庭に育った自由業の代表ですが〔↓Ⅱ28―36／549―557〕、このケースは『差異と欲望』でもとりあげていますので、詳細はそちらを参照してください［↓『差異』211―213］。ここでは彼が物を買うにあたって、決して投資目的でそうすることはなく、偶然の出会いにまかせてそのとき気に入ったものを買うだけであると語っていることを確認するにとどめておきましょう。彼にとって重要なのは「同種のものの中で唯一の《ユニーク・アン・ソン・ジャンル》」(3)ものであり、「ずっと前から欲しいと思い、長い間探してきたもの」に内面的な価値を見出すことができさえすれば、「物の値段なんか問題ではない。それがどれだけ喜びをもたらすかが問題なのだ」というわけです。経済資本にも文化資本にも恵まれた社会空間の中央上部に位置していて、いっさいの必要性から自由であるぶん、自分の美的性向に忠実に生活を構成することができるゆとりがうかがえるせりふでしょう。

二番目に登場するのはパリ大学の専任講師を務める三十六歳の物理学者で、教授職の代表です［↓Ⅱ50―55／572―577］。ブルデューと同じパリの高等師範学校の出身で、父親が文法学の教授資格をもつ中等教育教授、祖父は小学校教師という教職一家に育ちました。妻は薬剤師の娘で、現在は歯科医として働いています。

---

(3) « unique en son genre »という表現は「他に類例がない」、「二つとない」という意味の熟語表現で、ここでは唯一性に根拠をもつ美術品や骨董品の価値を表しています。

彼はパリ市内ではなく北西郊外に住んでいて、アパルトマンは質素で控え目な趣味で統一されています。インテリアは主として妻の領分で、家具として特徴的なのはルイ十三世様式の修道院机ですが、それも蚤の市で買ったもので、さほど高価なものではありません。このあたりからすでに、高級住宅街として知られるパリ十六区の広大な（三百平方メートル以上もある）アパルトマンに居を構え、モダンな家具や「本当の時代ものの美しいギリシャの石製頭像」を置いている先の弁護士とは好対照をなしています。

家では日曜大工をやり、テレビは置いておらず、読書傾向はすべて「ル・モンド」が基本になっていて「どちらかといえば固苦しいものが多く、推理ものや、いわゆる小説は読まない」というこの物理学者は、絵画ではフェルメールが好きで、二時間でも前に立っているけれども、人にもらったエッシャーのデッサン集は受け付けないと言います。また、イタリア絵画ではボッティチェリやピエロ・デラ・フランチェスカ、現代絵画ではマチスやピカソは好きだけれども、素朴派のアンリ・ルソーなどは「不自然で、わざとらしく、気取りすぎて、凝りすぎ」なので好きではない、そしてシュルレアリスム絵画となると「頭だけでひねりだした作り物」としか思えず、「ダリやその一派は大嫌いです」とまで断言しています。

このように趣味に関する発言を追っていくと、彼が実験的なものや前衛的なものを好まない、明らかに古典的な美的・倫理的性向の持主であることが浮かび上がってきます。その意味でマチスやピカソが好きな画家に入っていることは一見すると一貫性を欠いているようにも思えますが、彼はマチスを「きわめてクラシックで節度のある」画家として評価しているのであって、決してその斬新さに共感しているわけではありません。

こうした志向は音楽についても同様で、彼はバッハの『フーガの技法』を「純粋音楽」として高く評価し、特にオルガンで聴くのが好きだけれども、「大袈裟すぎ、誇張し過ぎたロマン主義音楽」は好きではないと語っています。要するに、絵画であれ音楽であれ、自然で純粋でクラシックなものが彼の趣味に合うのであって、不自然なわざとらしさや誇張した節度のなさには拒絶反応を示してしまうというわけです。経済資本にはさほど恵まれていないながら、豊かな文化資本をそなえた社会空間の左側上部に位置しているこの教授は、自分の経済力と折り合いをつけながら、穏健で安定的な生活様式を実践しているのです。

通人の管理職

続いて三番目に登場するのは、パリにある広告代理店に勤める三十歳の若い管理職です

〔↓Ⅱ64―69／586―592〕。父親は先端多国籍企業のフランス支社長で、彼自身は十七区のカトリック系私立校を卒業後、名門のシャンス・ポー（パリ政治学院）に学びました。妻は地方の工業実業家の娘で、同じくシャンス・ポー出身、現在は週刊誌記者として働いています。子供は二人いて、十五区にある五部屋のモダンなアパルトマンに居を構えているというのが、おおよそのプロフィールです。これを見ただけでも、夫婦がともに幼少期からブルジョワ的環境で育ったことは想像がつくでしょう。

このアパルトマンは、「大ブルジョワだった祖父母の世界、曽祖父母の世界」として描かれています。なにしろ祖父は「一生絵を描いて暮らし、一度も定職についたことがない」というのですから、その文化貴族的なゆとりは半端ではありません。好きな絵画は印象派、中でもボナール、モネ、マネ、ピサロなどで、フェルナン・レジェやジョルジュ・ブラックのような前衛絵画はあまり好きではないといいます。実験的な作風になじまない点では先の教授と共通していますが、古典派絵画よりも印象派を好むところには、経済資本優先の軸に位置する人間の中間趣味に近い傾向が垣間見えるように思われます。

次に家具ですが、食堂に置かれているのは十八世紀イギリス様式のマホガニー製のテーブルと椅子です。結婚直後にロンドンで購入したものですが、面白いのはこの家具について彼が「どうしてこいつを買ったのかわからないけど、まあブルジョワ的観点からすればいい投資だろうな」とか、「とても高価なものを選んだ」とか、パリにもってくるにあたって「関税はかからなかったから、付加価値税を払いさえすればそれでよかった」などと、もっぱら金銭に関わることにばかり言及していることです。つまりこれらの家具を選ぶにあたっては、美的な観点よりも経済的観点のほうが優先されていたことがうかがえるわけですが、これはいっさい投資目的では物を買わないと言明していた第一例の弁護士と対照的な姿勢であると同時に、蚤の市で修道院机を調達していた第二例の教授とも明確な違いを示しているようです。

さらに興味深いのは、ファッションについてのコメントです。彼は仕事の服装には気を遣っていて、スーツはすべてパリ有数の高級ブティック街であるヴィクトル・ユゴー通りの広告業者行きつけの店で買うのですが、これは「ちょっと贅沢なイギリス皇太子風チェック生地」で、高級官僚も銀行マンも着られないたぐいの、広告業界の成功者にふさわしい恰好なのだそうです。「われわれの業界では簡単に人間を種別できる。ここには階層が、カーストがあって、ある製品がどの階層に属するかを正しく見分けることが重要なんだ」。

これは巧まずして「ディスタンクシオン」という概念の本質を言い当てたせりふでしょう。服装を見ただけで、ある人間がどの階層（カースト）に属するのかを瞬時に判別でき、ある製品と階層の対応関係を的確に見分けることができる能力、それはどの商品を、どの客層に、どのような方法で売り込めばいいのかという販売戦略のプロフェッショナルである広告業者にとっては不可欠の資質であるわけですが、そこで動員されるのはまさに本章のタイトルにもなっている「卓越化の感覚」にほかならないからです。

こうした感覚は料理についても見られます。彼はかなりワインに詳しいのですが、それは義父（つまり妻の父親）がワインの醸造所と酒倉を所有していて手ほどきをしてくれたからです。したがって「たとえば同僚と食事をする場合、レストランでワインを選ぶのは僕なんだ。まあそれほど人品卑しくもないし、カオールがサンテステフやサンテミリオンほど旨くないくらいのことは知っているからね（……）。一般にワインの選びかたを心得ている人間はほとんどいない。だから少しでも知っていれば、それでもう通人みたいに見えるわけだ」。

ここに「通人」という言葉が出てくるのは、偶然ではありません。「コネサンス・デ・ザール」がしきりに称揚してみせるこの定型的な人間像は、古くからブルジョワ家系に属している古参者にとっては（たとえ「そう見える」だけであってもいいから）目指すべき理想型なのです。

新興ブルジョワジーと倫理的転換

しかし管理職というのは必ずしも、こうした古参者ばかりで占められているわけではありません。ブルデューの言葉を借りれば、「雑多な職種がつめこまれている」このカテゴリーは「一種の中継地帯」であって、中には中間階級や庶民階級の出身でありながら、学歴資本をこつこつと積みあげてここまで上昇してきた人々や、学歴はなくても地道に努力して下から叩き上げてきた人々も含まれています。つまり現在の社会的位置への到達様式はきわめて多様なので、後からこの職業カテゴリーに参入した新参者、すなわち新興ブルジョワジーの生活様式は、決して古参ブルジョワジーと同様ではありません。

上昇軌道を描いてきた新興ブルジョワジーは、主として私企業の管理職によって占められるのですが、彼らは比較的若い年齢で権力のある地位につき、学歴への依存度が相対的に低く、大企業や現代的な企業に属していることが多いという特徴をもっているため、伝統的な実業ブルジョワジーに比べてより現代風の、より若々しい生活様式を示すケースが少なくありません。具体的には、経済専門の新聞や雑誌を購読し、スポーツとしてはヨット、スキー、水上スキー、テニス、乗馬、ゴルフなどに打ち込み、遊びとしてはブリッジやチェスなどの知的ゲームを好む傾向が見られます。

また、仕事に関する討論集会やセミナーへの参加率が高く、現代的な管理職のあり方に進んで同化しようとする志向も顕著です。ブルデューは「一見取るに足らないように見えるが、きわめて意味深い指標」として、古参ブルジョワジーの代表である商・工業経営者がフランス文化を象徴するシャンペンにこだわるのにたいし、私企業管理職はアメリカ文化を象徴するウィスキーを自宅に備えている率が相対的に高いという事実のうちにも、こうした違いが端的に表れていると述べています[↓Ⅱ82―83／606]。

これらの特性は、一方ではブルジョワ特有の贅沢趣味であるという点で教授層に対立するのですが、他方では知的な趣味であるという点で古いタイプの経営者層にも対立するという二重性を示しています。また、彼らは経済生活に強い関わりをもち、その延長線上で仕事上のパーティに参加したり飛行機で遠隔地に出張したりする頻度が高いという点で、すなわち「現代風でコスモポリタン的な生活様式を反映した職業生活を送っている」[↓Ⅱ83／607]という点で、自由業にも対立しています。こうした独自の位置づけはおそらく、経済構造そのものの変容に起因するものでしょう。

新しい経済構造は、新興ブルジョワジーがその力と利益を引き出す源泉であり、その活動は生産物そのものの生産によって維持されてゆくと同時に、さまざまな欲求と消費者の生産によってもまた維持されてゆくのであるが、こうした経済構造は倫理的転換を要求するのであり、新興ブルジョワジーはそれを最初におこなう者である。この経済の新たな論理は、節制、節度、倹約、計算などに基礎をおいた生産と蓄積の禁欲的モラルの代わりに、クレジット、浪費、享楽などに基礎をおいた消費の快楽主義的モラルを置き換える。［↓Ⅱ86／610］

伝統的な経済活動が「生産」と「蓄積」によって維持されてきたとすれば、倫理的転換を要求する新しい経済活動は「消費」と「享楽」を主要な原理として維持されていきます。したがってお金をためるよりは使うこと、節約するよりは浪費すること、さしあたり現金がなければクレジットで支払いを先延べしてでも現在を楽しむこと、それが新興ブルジョワジーのモラルであり生き方となるでしょう。こうして彼らは支配階級の内部に倫理的性向の、さらには世界観そのものの根本的な変容をもたらすのです。

「ブルジョワの卓越性《ディスタンクシオン》＝上品さは常に、話しかたにおいても立居振舞いにおいても、緊張の中のくつろぎ、行儀と節度の中のゆとりという、たがいに相反する特性どうしのまれな、およそありそうにない組み合わせによって定義される」［↓Ⅱ88／611］ものでした。ところが古参ブルジョワジーと新興ブルジョワジーの対立構図の中では、「緊張・節度・行儀」の系列と「くつろぎ・ゆとり」の系列が切り離され、あたかも両立しえない二種類の特性群のいずれか一方だけが肯定されなければならないかのように争点化されてしまいます。その結果、「支配階級の若年層と新興ブルジョワジーはお高くとまった旧ブルジョワジーのこわばったいかめしさを告発し、「緊張緩和」と「くつろいだ」生活様式を推奨するのにたいして、旧ブルジョワジーのほうは新興ブルジョワジーの「たるんだ」生活様式を非難し、言葉遣いにおいても慣習においても、もっと行儀と節度とを求める」のです〔↓Ⅱ88／611〕。両者の価値観は、こうして弁証法的な統合の可能性を断たれたまま、本来ありえたはずの卓越性《ディスタンクシオン》＝上品さの手前で飽くことなき闘争を繰り広げることになるでしょう。

第6講

上でもなく、下でもなく

〈文化的善意 —— 中間階級〉

多くの者は、自分らの階級を軽蔑するふうをしながら、その階級から一頭地を抜くべき機会をしか、そこに認めていなかった。

ロマン・ロラン『ジャン・クリストフ』第九巻

（豊島与志雄訳）

落差と「文化的善意」

本章のタイトルを見て、違和感を覚えた人もおられるのではないでしょうか。「文化的善意」とは聞きなれない言葉だが、いったい何のことなのか？

この点については『差異と欲望』でも説明しましたが［↓『差異』218―219］、念のために確認しておきましょう。「善意」の原語は bonne volonté で、普通は「熱意」「意欲」「やる気」といった意味で使われる表現です。ですから「文化的熱意」とか「文化的意欲」といった訳語も可能ですし、じっさいその方が日本語としても通りがいいので、翻訳にあたってもずいぶん迷ったのですが、原書を読んでみると、この表現は必ずしも「熱意」とか「意欲」といった言葉から想像されるような主体的・積極的な向上心を意味しているわけではありません。そうではなく、むしろ支配的文化にたいする気おくれから、それを根拠づけている正統性の定義そのものを疑うことはないままに、これを無批判に受け入れて模倣する方向に否応なく導かれてしまう傾向を指しているように思われます。そうした理由から、ここではあえて「善意」と直訳したほうがブルデューの意図に近いのではないかと考えた次第ですが、もちろん、「熱意」や「意欲」といったニュアンスも同時に含まれていますので、あくまでもそうした多義性をはらんだ概念であると了解しておいてください。

そこで、まず次の文章を見てみましょう。

> 文化にたいするプチブル階級の関係は、いわば認知《コネサンス》＝知識と承認《ルコネサンス》の間にきわめて明確な落差があるというところから、すべて導きだすことができる。この落差は文化的善意を生みだす原理であるが、文化的善意は正統的文化との親しみ深さの度合によって、つまり出身階層およびこれと相関的な文化の獲得様式の違いによって、さまざまの異なる形をとる。〔↓Ⅱ101／625〕

プチブル階級(1)は社会空間の中間的な領域に位置しているため、支配階級の文化と庶民階級の文化のあいだにはさまって、上にも下にも移動する可能性をはらんでいるわけですが、少しでも上に行きたいというのは人間の本能ですから、到達目標としてその視界に入ってくるのは、やはり第5講で見てきたような支配的文化であり、ブルジョワ的な生活様式です。したがって中間階級の人たちはこれにたいして畏敬の念を抱き、必然的にその正統性を承認せざるをえないのですが、彼らは文化貴族の血統を受け継いでいるわけではないので、幼少期から高尚な芸術に親しんで文化資本を自然に蓄積してきたわけではないし、さりとて学歴資本もさほど豊かではないことが多いので、支配的文化を享受するにふさわしい知識を必ずしもじゅうぶんもちあわせているわけではない（つまりその正統性を適正に認知しているわけではない）ケースが大半です。右の引用で「認知＝知識と承認の落差」と呼ばれているのは、こうした状況のことにほかなりません。

となると、当然ながらその落差を埋めることが彼らの目標として設定されることになります。美術館やコンサートホールに足を運び、少しでも質の高い芸術に触れること、いろいろな本を読んで、学校では得られなかった知識（いわゆる教養）を幅広く身につけること、雑誌などからさまざまな情報を得て、センスのいいインテリアや料理を生活にとりいれること――これらはすべて、正統的文化を身体化するための上昇戦略であり、その限りにおいては「文化的熱意」あるいは「文化的意欲」と呼んでもいいものでしょう。ただしそれは（たとえ本人は自発的にそうしているつもりであっても）現在の中間的な社会的位置によって強いられた熱意であり意欲であって、もしかすると報われないままに終わるか

（1）「プチブル」という言葉は、かつては卑小な「日和見主義者」といった意味で軽蔑的に用いられていたことがありますが、ここではそうしたニュアンス抜きで、資本家ではないけれども小規模な生産手段を私有する階層を意味する客観的な用語として、すなわち「中間階級」の同義語として了解しておいてください。

もしれない「文化的善意」にほかならないのです。

文化的アロドクシア

自分がそこから排除されている世界に参入したいと願う人間は、その世界で通用している価値体系を無条件に肯定し、容認し、これに自分を適合させていくのでなければ、そもそも参入資格すら与えられないのが世の掟です。上流社会に加わりたければそのしきたりに従うのが当然ですし、学者のコミュニティに加わりたければその慣行を受け入れることが求められるでしょう。したがってその人は、自分が正しいと思うか思わないか、美しいと思うか思わないかではなく、その世界で正しいとされていることを正しいと思い、美しいとされているものを美しいと思わざるをえないことになります。それがまさに「文化的善意」の本質なのです。

では、こうした志向はどのような事態をもたらすのでしょうか。

この純粋ではあるがむなしい善意は、それが適用されるためには不可欠の規準も原理も欠けているため、どんな対象に自らを捧げればよいのかわからず、プチブルを文化的アロドクシアの、すなわち認知と承認の落差がそこに露呈するあらゆる同定の錯誤とあらゆる誤れる承認の、恰好の餌食にしてしまう。アロドクシア〔取り違え〕とはこうした無差別の畏敬が生みだす正統性《オルトドクシー》の幻想の中で生きられた異端性《エテロドクシー》であり、それは激しい欲求と不安とを混ぜ合わせながら、オペレッタを「高尚な音楽」に、通俗化を学問に、模造品を本物にそれぞれ取り違えさせ、不安げであると同時にあまりにも自信に満ちたこの誤れる同定のうちに、卓越化の感情になおいくらかは起因する満足感の根源を見出すよう、人をしむけてゆくのである。〔↓Ⅱ105／629〕

ここに出てくる「アロドクシア」というのは聞きなれない言葉ですが、これは「他の意見、異なる見解」を意味するギリシャ語をもとにしたブルデューの造語で、客観的認識と主観的評価の落差から生じる「取り違え」ということです。右の引用箇所では通俗的で娯楽性の強いオペレッタのようなジャンルを（オペラのように）高尚な芸術とみなしたり、大衆受けする知識の普及にすぎないものを純粋に学問的な言説と思い込んだりするケースが例として挙げられているわけですが、こうした「同定の錯誤」あるいは「誤れる承認」は、そもそも対象を適切に評価するための原理や基準が不在であるところに起因するので、本人としては自分の判断に確実な根拠がないために不安を覚えずにはいられません。

しかしその反面、彼らは支配的文化にたいする「無差別の畏敬」を抱いているので、自分の判断が客観的に見れば異端的であるにもかかわらず、主観の中ではこれを正統的なものとして確信することになります。そしてその結果、自分は同じ階層の他の人々からは卓越化されているのだという満足感を覚え、目指すべき上位の文化に参入できているのだという錯覚に陥るのです。

このように「中間文化は正統的文化へのさまざまな参照を含んでおり、それらは正統的文化を中間文化と混同させる方向に作用するとともにそうした混同を正当化する」のですが、実際は「誤れる承認」にすぎないこの種の混同は、中間階級の人々から見れば本来は手の届かないところにあるはずのブルジョワ的正統性を手軽に入手できるものに思わせてくれるものなので、そうした狙いで作られる文化的生産物は少なくありません。ブルデューが例として挙げているのは「演劇・文学の古典作品の「脚色」による映画化、クラシック音楽の「大衆的」な「アレンジ」または大衆歌曲のクラシック風「管弦楽用編曲」、あるいはボーイスカウトのコーラスや聖歌隊を思わせるようなスタイルでのクラシック作品の合唱演奏」【↓Ⅱ106／630】などですが、これらがいずれも、高尚なものと通俗的なもの、貴族的なものと大衆的なもの、古典的なものと現代的なものの混淆を意図していることは明らかでしょう。(2)

それらは供給された生産物が即座に近づきうるものであるということと、それが外側には文化的正統性の表徴をまとっているということという、普通は相容れない二つの特性を結びつけることによって、もっぱら自分は正統性の高みにいるのだという感情を万人に与えることをめざして作られているのである。［↓Ⅱ106／630］

中間文化とはそれゆえ、文化的アロドクシアを絶えず引き起しながら、正統的文化を社会空間の中央部にまで引き下げることによって、これに支配的文化への上昇可能性という幻想の衣をまとわせたものであると言ってもいいかもしれません。その意味では、いわば手の届かない風景をあたかも手が届きそうなものとしてスクリーンに映し出す、一種の幻

（2）ブルデューはさらに少し後で、「ジャズと交響曲、ミュージックホールと室内楽、弦楽四重奏曲とジプシー楽団、ヴァイオリニストと巷のヴァイオリン弾き、ベルカントとカンタータ、オペラ歌手とシャンソン歌手、『白鳥の湖』のパ・ド・ドゥーとロッシーニの『猫のデュエット』などを一緒に放映するテレビ番組」について、「「安易な」あるいは「時代遅れの」、古臭い、格下げされた、したがって価値の下落した正統的生産物と、大量生産の場における最も高尚な生産物とを結びつけるようなもの」の例として言及しています［↓Ⅱ112／636］。

灯機のようなものなのです。したがって、「中間言語などというものが存在しないのと同様に中間文化というものもまた存在しないのである。中間文化をなすもの、それは対象の錯誤、軽蔑、場違いな信仰、アロドクシアなど、要は文化にたいするプチブル的関係なのだ」【↓Ⅱ114／638】ということになるのです。

制限のエートス

支配階級では正統性の定義をめぐる卓越化のゲームが繰り広げられていることを前講で見てきましたが、中間階級を構成するプチブルは「文化のゲームをゲームとして遊ぶすべを知らない」とブルデューは言います。なぜなら文化的善意に満ちた彼らは「文化というものをあまりにもまじめに考えすぎるため、はったりをきかせたり人をぺてんにかけたりすることができず、あるいは単に、文化と本当に深く親しんでいることを証拠だてる距離を置いた余裕や屈託のなさをもつことさえできない」からです【↓Ⅱ120／645】。

確かにゲームを楽しむためには「はったり」や「ぺてん」がつきものであり、それを許容するには本気になりすぎないこと、つまり「距離を置いた余裕や屈託のなさ」が不可欠です。まじめに考えすぎてしまうと、それはもはやゲームではなくなってしまうでしょう。

たとえ本当に文化に親しんでいたとしても、彼らはそれを自然に身につけたのではなく、必死に努力を積み重ねた結果ようやく獲得したので、いつ自分の無知が暴露されるかもしれない、いつ失敗をやらかして大恥をかいてしまうかもしれないという不安につきまとわれ、その振舞いにはどうしてもぎこちなさがつきまといます。「要するに獲得物の人である彼らは、生まれによって、すなわち生まれながらにもともと文化に結びついている人々に特有の自由さや大胆さを可能にしてくれる親しみ深さの関係を、文化とのあいだに保持することができない」のです[↓Ⅱ120―121／645]。

こうしたプチブルの性向は、日々の行動においても順応主義、厳格主義、禁欲主義といった傾向に現れてくるのですが、その端的な表れが「子供を何人作るか」という戦略です。

表4は、父親の職業カテゴリー別に見た男子にとっての支配階級への到達確率(%)と、子供の平均人数を表したものですが[↓Ⅱ123／647 表24]、これを見てわかるのは、支配階級への到達機会が五%未満である庶民階級(農業労働者、単純労働者、農業従事者、単能工、熟練工)では一般に子供の数が二人以上と多く、一〇%から三〇%である中間階級(職工長、職人、事務員、商店員、小商人、一般管理職、一般技術員、小学校教員)ではこれが一人台に減り、三五%以上である支配階級(工業実業家、大商人、上級技術者、上級管理職、教授、自由業)では(数字が不明なカテゴリーを除いて)ふたたび二人以上になると

表4　階級・職層別に見た支配階級への到達機会および子供の数

	支配階級への到達機会*	子供の数**
農業労働者	1.8	3.00
単純労働者	2.3	2.77
農業従事者	2.9	2.83
単能工	3.7	2.42
熟練工	4.3	2.10
職工長	9.6	1.94
職人	10.6	1.92***
事務員	10.9	1.97
商店員	12.0	1.68
小商人	15.6	1.92***
一般管理職	19.2	1.71
一般技術員	20.4	1.67
小学校教員	32.5	1.68
工業実業家	35.0	2.09
大商人	35.6	
上級技術者	38.7	
上級管理職	42.0	2.00
教授	52.7	
自由業	54.5	2.06

＊　INSEE,「職業教育と就業資格」調査，1970年。父親の職業別に見た男子にとっての支配階級への到達確率。

＊＊　「両親の揃った家庭の平均子供数」，G・カロ，J・C・ドゥヴィル，「社会—文化的環境別に見た婚姻率と子供の数」，〈経済と統計〉第27号，1971年10月，28頁。

＊＊＊　G・カロとJ・C・ドゥヴィルの研究は，子供の数について職人層と商人層とを区別していない（1.92人）。しかしながら職人層においては子供の数が商人層よりも明らかに多いことを示すことができる。じっさい，社会職業カテゴリー別に見た一所帯当たりの十六歳未満の子供の数（1968年度の国勢調査による）の分布状況は，全体としてここに提示された子供の数の分布状況と同じ構造を示しているのだが，そこでは職人層が商人層よりもむしろ生産労働者にずっと近い。すなわち一所帯当たりの十六歳未満の子供の平均数は，生産労働者が1.35人，職人が1.01人，事務労働者0.88人，そして商人が0.78人となっている。

（引用にあたっての付記）Ⅱ123／647 表24 を改変。職人層と小商人層は資料の上で区別されていないため、原書ではいずれも空欄になっていますが、数字としては1.92人なので、ここではそれを補いました。

いうことです。

つまり、いっそ初めから支配階級への到達機会がほとんどない人々は、決して経済的には楽ではないけれども、単純に現在の境遇をそのまま受け継いでいけばよく、子供にしかるべき教育を受けさせて階級上昇を図ろうという野心がないので、教育にかかる一人あたりのコストもそれだけ低くなり、子供の数を制限しようという意識があまり働かない。また、すでに親が支配階級に属している家庭は、経済的に余裕があるのでそれだけ教育に投資することも可能になり、子供の数を制限しなくても現在の社会的位置を維持することができる。ところが中途半端に上昇可能性をもっている中間階級の人々は、これを実現するためには多少背伸びしてでも現在の経済力以上の教育投資をしなければならないので、どうしても子供の数は制限せざるをえなくなる、というわけです。

これはひとえに、社会空間の中間領域に位置しているプチブルが「自分の過去であるプロレタリアの身分から何とか脱出し、自分の未来であるブルジョワジーの身分に到達しようともくろんでいる」〔↓Ⅱ124／648―654〕がゆえに生じるジレンマであると言えるでしょう。「プチブルとは、ブルジョワになるために自ら規模を縮小したプロレタリアなのである」〔↓Ⅱ132／657〕というブルデューの言葉も、以上の文脈に置いてみればよく理解できるのではないでしょうか。それは文字通りにプチブル、すなわち「小さいブルジョワ」にほかならないのです。

こうした中間階級に特有の倫理的性向を、ブルデューはブルジョワの「ゆとりのエートス」にたいして「制限のエートス」と呼んでいます。[3] 前者は「今ある姿とあるべき姿との一致が実現された」ケースであり、「屈託のなさ、優美さ、闊達さ、優雅さ、自由さなど、要は自然さという一言にまとめられる自己への確信 certitudo sui」を基礎づけるものであるのにたいし、後者は「召集されてはいるがまだ選ばれてはいない人々特有のきわめて厳格な意志主義」として、すなわち、支配階級への上昇可能性をもった集団に属してはいるものの、まだ上昇を保証されたわけではないために「自己への確信」を抱けない人々が、「今ある姿とあるべき姿との一致」を目指して自らに厳しい義務を課し、子供の数も控えめにして出費を切り詰め、来《きた》るべき将来のために現在の欲望を抑制する傾向として定義されます〔↓Ⅱ134／659〕。

下降プチブルと退行的性向

ブルデューは支配階級のケースと同様に、社会空間の中間部分を拡大した「プチブル趣味のヴァリアント」〔↓Ⅱ135／660図15・16〕を掲載してさらに細かい分析を試みていますが、ここでは図は割愛し、プチブル階級の中に見られる三つの集団について順に概観してみることにします。

社会空間の中央右側（文化資本より経済資本の比率が高い側）に位置する職人・小商人層は、全体に年齢が高く、学歴はあまり高くない人々で、職層としては退潮傾向にあるカテゴリーです。ブルデューはこれを「下降プチブル」と名付け、アンケート調査を通して彼らに見られる傾向を「退行的性向」と呼んでいます。日本でも「最近の若者は……」などと嘆いてみせる年配者がしばしば戯画的に取り上げられますが、彼らが昔ながらの秩序にこだわり、これに違反する今風の趣味やだらしない行動（と彼らの目に映るもの）にたいして抑圧的な態度をとりたがるのも、こうした退行的性向の表れにほかなりません。

特に職人または小商人の家に生まれて自分も職人または小商人になっている人々は、社会の変化についていけず、さりとていまさら別の職業に転じるだけの経済資本も文化資本ももちあわせておらず、どうしてもやがては消える運命にある現在の位置にとどまらざるをえないので、必然的に時代に逆行するような生活様式を選択することになります。

（3）　美的性向の集合が「趣味」であるとすれば、「エートス」は倫理的性向の集合として定義できるもので、明確に意識された倫理規範と異なり、無意識のうちに行為者の思考や行動を規定する精神傾向を指します。

具体例として挙げられている、グルノーブルに住むパン屋のおかみさんのインタヴューを見てみましょう〔→Ⅱ146―151／672―677〕。彼女は十二歳で孤児になって孤児院に預けられ、十四歳までは学校にかよったけれども初等教育の修了証書はもっていない、その意味では庶民階級に近い小商人のひとりです。パン屋で八年間修業した後、自力で小さな店を開き、夫婦と雇い職人一人で細々と営んできました。二十二歳になる娘はもう結婚して働いているので、夫婦はまもなく店を閉めてもう少し楽な商売を始めるつもりだといいます。最近、グルノーブル郊外に一軒家を購入しました。

彼女の発言からいくつか拾いあげてみますと――

「もっとずっといい家もたくさんあるわ。でももちろん、これでもまあまあね（……）。ごく平均的な、ささやかな家といったところかしら」

「〔家具については〕とてもモダンなものと古いものの中間を選ぼうと思ったわけ」

「確かにとてもおしゃれでたくさん買物をする人たちもいるわね。私はそんな欲求は感じないの」

「身なりにお金をつぎこむタイプの女じゃないの。どうせ流行はどんどん変わっていくんだし（……）、結局いくら流行を追ったって追いつけっこないもの」

「まあまあ」「平均的な」「ささやかな」「中間」といった一連の語彙には、プチブル特有の典型的な中庸志向がうかがえますし、たくさん買物したり流行を追ったりすることへの拒否には、背伸びして浪費したり新奇な趣味に追随したりする若年層への反発からくる退行的性向が現れています。

彼女はまた、「物を買うのをいちばん我慢できないのはいちばんお金持ちの人々じゃないのよね。じつは中流の人たちこそが、いちばん我慢できないのよ。欲しいときにケーキを食べ、飲みたいときにおいしいワインを飲むといった具合で、それがだめな時にはツケにしてでも手に入れるんだから」とも発言しているのですが、これは中間階級の実態を図らずも明らかにする示唆的な言葉でしょう。支配階級への到達可能性が「制限のエートス」を生むメカニズムは先に見た通りですが、それは中間階級の消費欲求が放置しておけば歯止めのかからないほど強いものであることの裏返しにほかなりません。実際はそれだけの経済力をもちあわせているわけではないのに、自分の身の丈に合わせた生活様式に甘んじることができず、支払いを先延べしてでも分不相応な消費行動に走る欲求を抑えることができない「中流の人たち」――それは「まあまあ」の家に住んで「平均的な」生活を送ることに満足している（あるいは満足せざるをえない）下降プチブルから見れば、いかにも自制心を欠いた、だらしない当世風の生き方として、厳しい告発の対象となるのです。

実働プチブルと禁欲的厳格主義

二番目は「実働プチブル」と呼ばれる集団で、中間階級の中でも資本構造の点で中央に位置する（つまり経済資本と文化資本の比率がほぼ等しい）一般管理職、事務員、技術員、商店員、小学校教員といった職業カテゴリーです。彼らは基本的に「指示を下す者にたいしてそれを実行し、計画をたてる者にたいしてそれを実現し、説明書を書く者にたいしてそれを利用する」〔↓Ⅱ154／680〕人々、すなわち自らが何かを構想したり主導したりするのではなく、あくまでも上から与えられた指針に従ってこれを実行に移す立場にある人々です（「実働」exécution という言葉はこのことに由来します）。

下降プチブルは退行的性向ゆえに、安逸な生活に流れがちな若者を批判的な目で見る「抑圧的厳格主義」をその特徴としていましたが、これにたいして実働プチブルは支配階級への到達をもくろむ恒常的な上昇志向ゆえに、自分自身（および自分の家族）に厳しい規律を課す「禁欲的厳格主義」によって特徴づけられています。上を目指すのであれば、現在の欲望に安易に身をゆだねることは慎まなければならない、一生懸命勉強すれば必ず努力は報われるのだから、目先の快楽にふけるなど言語道断だ、というわけで、「教育の努力による段階的進歩を約束されている彼らは、教養と知性の光明にたいする信仰に基礎づけられた進歩主義的世界観へ、そして各人をその学業成績に応じて処遇することをめざす穏健な改良主義へと自然に向かってゆく」【↓Ⅱ154／680】のです。ブルデューが彼らのことをしばしば「上昇プチブル」と呼んでいるのも、こうして教育制度を介して一歩一歩社会的階梯をのぼってゆくことがその基本的な目的であるからにほかなりません。

ただし、社会的上昇が一世代だけで達成されることはまれであり、多くの場合は世代から世代へと、すなわち親から子供へと受け継がれて初めて実現するものです。

上昇プチブルの全生活は、たいていの場合代理によってしか、つまりよく言われるように彼らが「自分の野心を託す」子供たちを介してしか生きることのできない未来について、あらかじめたてられた予想である。彼らが「自分の息子のために夢見る」未来、ほとんど絶望的な気持ちでその中に身を投げだしている未来は、いわば自分の過去を想像の中で前方へと投影したもので、これが彼らの現在を食い尽くしてゆく。自分が渇望している財を手に入れるのに必要な時間が人間の一生を越えてしまうような場合には、どうしても数世代に渡る戦略をたてざるをないので、彼らは先延べされ

た楽しみと延期された現在の人となる。(4)

自分が叶えられなかった夢を子供に託すという物語は世界共通なのかもしれませんが、その夢の実現を願って、全生活を禁欲的厳格主義に捧げ、あらゆる楽しみや欲求を「いずれそのうちに」「子供が大きくなったら」と先送りすることを続けてきた実働ブルジョワの願望は、必ずしも満たされるとは限らないどころか、往々にしてついに達成されぬままに終わってしまうものです。払った犠牲の大きさと得られる成果の大きさは、比例関係にあるわけではありません。こうして自分の世代でも子供の世代でも社会的上昇を果たせなかった彼らは、結局のところ何ひとつ報われぬままに自分の「現在」を食い尽くされ、やりきれない恨みの感情を抱えて生きるしかないのです。

もっとも、アンケート調査の結果を見ればこの集団内部でも世代差が観察されるようです。つまり一般管理職や事務労働者の高年者層はどちらかといえば下降プチブル（伝統的な職人・小商人）に近く、政治的にも保守的傾向が強いのにたいし、比較的若い世代に属する一般管理職、一般技術員、そして小学校教員などは、むしろ後述する新興プチブルに近い文化的性向を示しているという違いがあるので、中間階級を実働プチブルという言葉で単純にひとくくりにすることはできないという点には注意しなければなりません。

［↓Ⅱ156／682］

新興プチブルと「義務としての快楽」

そして三番目は「新興プチブル」集団です。これは社会空間の中央左側(経済資本より文化資本の比率が高い側)に位置する人々で、具体的には次のような職業カテゴリーが含まれます。

新興プチブルは、人に商品を勧めたりイメージを作りだしたりする種々の職業(セールスマンや広告業者、PRの専門家、ファッションデザイナー、室内装飾家など)および象徴的財やサービスを提供するために作られたさまざまな制度——そこにはたとえば医療保健・社会扶助関係の仕事(結婚生活相談員、性問題専門家、食餌療法栄養士、就職アドヴァイザー、育児専門の保母など)や文化の生産あるいは促進にたずさわる仕事(文化活動指導者、学外活動教育者、ラジオ・テレビのディレクターや司会

(4) ここでは当然のように父親から息子へという系譜のみが扱われていて、母親や娘の存在は無視されていますが、当時は多くの職業がまだ女性にたいして閉ざされていたことを思えば、これも時代を反映した記述と考えるべきなのでしょう。

者、雑誌記者など）のようにここ数年で急に数の増えてきた職業も、また工芸職人や看護婦のようにすでに確立されている職業も、ともに含まれる――の中で自己を実現する。［↓Ⅱ167―168／693―694］

一読しておわかりのように、ここにはきわめて雑多な職業が混在しており、なかなかひとつの集団としての共通性を抽出しにくいのですが、大半はいわゆる第三次産業に属するものであり、中でも特に産業構造の変化にともなって需要が拡大した新しい仕事に従事する人々であると言えるでしょう。もちろん、新しいといってもすでに半世紀前の話ですから、今日ではさらに多様な職業カテゴリーを加えなければなりません。

日本ではひとところ「カタカナ職業」という言葉が流行りました。中でもコピーライター、アートディレクター、システムエンジニア、スポーツインストラクターなどはすでに定着した名称でしょうし、イヴェントプランナー、ゲームプログラマーなどの職業も市民権を得て久しいように思われます。また、インターネットの普及とともに登場したプロブロガーとかユーチューバーなども、最近は立派な職業カテゴリーとして認知されているようです。じっさい、小学校四年生男子を対象に将来つきたい職業を尋ねたある調査によれば、一位のサッカー選手、二位の医者に次いで、ユーチューバーが三位にランクされていた(5)といいますから、変化の速度は尋常ではありません。今後はさらに、ＡＩの登場によって職業カテゴリーの地図が大幅に塗り替えられることは必至です。

しかしそれはそれとして、これら雑多な人々から成る新興プチブルの中にはもちろん支配階級から下降してきた人も庶民階級から上昇してきた人もいるので、その文化的能力は一様ではありませんが、ブルデューによれば前者の特徴は「武装した上昇志向」にあります。これはややわかりにくい表現ですが、前項で見た実働プチブルの上昇志向が、支配的文化との距離に起因する実現の困難さを前にしての自信のなさや不安につきまとわれた「無防備な上昇志向」であったことと対比して考えれば、少しわかりやすくなるかもしれません。

上流階級出身の新興プチブルは、階級脱落《デクラスマン》に見舞われたとはいっても、もともと文化にたいして親しみ深い関係をもっているので、再階級化（階級復帰）をもくろむにあたって不可欠の武器、すなわち的確な美的・倫理的判断を下すための「嗅覚」をそなえており、卓越したものと通俗的なものを本能的に嗅ぎ分けることができます。この点で、彼らは無防備な（武器をもたない）実働プチブルとは明確に一線を画していますし、同じ新興プチ

（5）二〇一六年三月二一日付「毎日新聞」大阪版朝刊。

ブルの中でも、「文化的能力も倫理的性向も、そして特に社会関係資本や投資感覚なども備えぬままで」この領域に参入してきた上昇メンバーから区別されるのです。

そしてこのように「武装した上昇志向」をもつ新興プチブル層は、「生きかたに関わるすべて、もっと正確にいえば家庭生活と消費行動、男女間・世代間の関係、家族とその価値観の再生産などに関わるすべてのことがらを争点とする闘争において、かならず前衛の役割を果たすよう運命づけられている」〔↓Ⅱ179／706〕ことを確認しておきましょう。というのも、彼らは下降プチブルの抑圧的モラルと対立することはもちろんのこと、実働プチブルの禁欲的モラルとも対立しつつ、「義務としての快楽」という新しいモラルを先導する立場に身を置くことになるからです。

「義務」と「快楽」は本来、対立概念のように思われますが、ブルデューはここであえて撞着語法《オクシモロン》を用いて新興プチブルの新しい倫理規範を定義しています。「義務」とは堅苦しいもので、無条件に楽しむこと、喜ぶことを禁止し、何かにつけて節度ある振舞いや慎み深さを強いてくるものですが、倫理的前衛たる人々はむしろ、快楽を味わうことを奨励する、いやそれだけでなく、愉悦に身をゆだねること自体をひとつの「義務」とするという逆説を実践しているのです。ブルデューの言葉を用いれば「快楽を味わうことが単に許可されているだけでなく、倫理的というよりはむしろ科学的というべき理由によって強く要求されてさえいるようなケース」〔↓II 180／707〕が、「義務としての快楽」の本質なのです。著者はさらに子供の遊びが「運動能力や知力の習得として、それゆえに主観的には快適であり客観的にも不可欠であるような必要快楽」であり、これもまた「子供にとっても親にとっても一つの義務としての快楽」であると述べていますが、きわめて示唆に富んだ指摘と言うべきでしょう〔↓II 183／710〕。

以上がブルデューの描いてみせる中間階級の見取り図の概要です。

第7講

気取りすぎてはいけない

〈必要なものの選択 —— 庶民階級〉

青い作業服は錠前屋、白いズボンは左官屋、下に着こんだ長い仕事着を裾からのぞかせた外套はペンキ屋と、それぞれ見分けはついた。しかし、遠くから見るこの群衆は石膏のような、白さの塊である。

エミール・ゾラ『居酒屋』

（古賀照一訳）

機能主義あるいは実用主義

各階級別の趣味と生活様式の分析の中でも、庶民階級を扱った第7章は原書でも訳書でも三十ページ前後と、全体でも最短の章となっていますので、本講は他の回よりかなり短くなることをあらかじめお断りしておきます。

庶民階級を構成するおもな職業カテゴリーは、農業労働者や自営農などの農業従事者、および単純労働者や熟練工、職工長などの生産労働者ですが、彼らを特徴づける「必要趣味」という概念については、贅沢趣味（あるいは自由趣味）と対比しながら第3講でも触れました。そこでは「単純労働者がお金に余裕がないのでジャガイモやインゲン豆を日常的に食べざるをえなかったとしても、その結果としてジャガイモやインゲン豆が本当に好きになる」［↓第3講99］という例を挙げておきましたが、ブルデューはこうしたメカニズムについて、「そこには必要性への適合の一形式、したがって必要なものの受容、避けられぬものへの忍従の一形式が含まれている」［↓Ⅱ190／718］と述べています。趣味とは本来、自分が好きなものを自由意思で選び取ることによって醸成されるはずのものであるのに、庶民階級の人々にとっては自由意思と思われているもの自体がじつは「必要性への適合の一形式」であり、「避けられぬものへの忍従の一形式」にほかならないというわけです。「自由でないにもかかわらず自由であると信じている人ほど、深い奴隷状態にあるものはない」という、ゲーテの言葉がふと思い出されたりもします(1)。

こうして必要性への従属を強いられた彼らが向かうのは、生活の様式化や芸術の無償性を称揚する支配階級特有の美的性向にたいする拒否であり、その対極にある機能主義、あるいは実用主義への傾斜です。だから「生産労働者は他の諸階級にくらべて、小ぎれいで清潔なインテリアや手入れがしやすいインテリア、あるいは価格のわりに値打ちのある服を好む確率が高いのであるが、これらは結局のところ経済的必要性によって彼らに割り当てられているというのが実情」［↓Ⅱ 196／726］なのです。

たとえば家具は華美である必要はないし、高級である必要もない。ソファーはそれに腰を下ろしてくつろげればじゅうぶんだし、食卓はその上に食器が並べられて簡単に拭き掃除ができればそれでいい。衣服に関しても流行のファッションである必要はなく、シンプルで、どこにでも着て行けて、何にでも合わせやすく、値段の割に長持ちのするものであれば言うことはない――ここで何度か「必要はない」という言葉を繰り返しましたが、これは機能性や実用性の面から見て余計なもの、過剰なものは不要であるという意味ですから、裏返せば、不必要な要素を切り落とした最低限の必要性は満たされていなければならないということを意味します。つまり庶民階級の人々にとっては、なくても別に困らない装飾性や贅沢さを追求するよりも、なくてはならない機能性や実用性を確保することのほうが重要なのであり、その要請が彼らの経済力に見合った趣味を形作るのです。

したがって、当然といえば当然かもしれませんが、庶民階級の女性は身体や容貌の「美しさ」についてもこれを過剰な価値とみなし、そのために無駄な出費をすることを避ける傾向があります。つまり彼女たちはことさら体をスリムにしたり綺麗に化粧したりする必要がないので、被服費も少なめに抑えるし、美容にかける手間も費用も最小限に切り詰めるのですが、これもまた実際は最低限の必要性によって強いられた選択にすぎません。

このように庶民的慣習行動は、金銭や時間、そして結局のところはほとんど得るところのない努力などを確実に節約させてくれるので、たしかに客観的条件から直接出てくるように見えるかもしれないが、実際には（「これは私たち用のものじゃない」といった自制に見られる）必要なものの選択を原理としているのである。ここで「必

（1）ヨハン・ヴォルフガング・フォン・ゲーテ『親和力』、柴田翔訳、講談社文芸文庫、一九九七年、二七三頁。

要なもの」とは、技術的に必要な、「実用的な」（あるいは別の言いかたをすれば「機能的な」）もの、すなわち「しかるべき状態であり、しかもそれ以上ではない」ために必要なものという意味であると同時に、「単純素朴」で「慎ましい」人々を「単純素朴」で「慎ましい」趣味へと追いやってしまう経済的・社会的必要性によって押しつけられたものという意味でもある。 [↓II 199／727―728]

この一節は、庶民的慣習行動を特徴づける機能主義あるいは実用主義の本質が、最低限の必要性を満たすこと（しかるべき状態であること）と、それ以上の可能性を切り捨てること（それ以上ではないこと）の両方にあることを端的に表しています。ブルデューは引用箇所の少し先で、こうした選択を「どうせ手に入れることができない象徴的利益はあきらめ、さまざまな慣習行動や対象物をその技術的機能に還元してしまうような選択」[↓II 199／728]と言い換えていますが、そもそも「ディスタンクシオン」とは、自らを他者から区別して際立たせることによって得られるもろもろの象徴的利益（他人よりも美しいこと、しゃれていること、洗練されていること、上品であること、等々）の探求にほかなりませんから、その意味で「必要なものの選択」とはその対極にある姿勢、すなわちいっさいの卓越化＝差別化の放棄であると言えるでしょう。

順応の原理と同調圧力

こうして形成される大衆趣味は、いまある状態に自分を合わせること、階級のハビトゥスに適応することを要請する「順応の原理」を規範としています。そしてこの規範は卓越化＝差別化の放棄を前提としているので、これに違反するおそれのある行為にたいするさまざまな警告という形で具体化されます。先の引用に見られた「これは私たち用のものじゃない」というのは警告が自分自身に向けられた例ですが、これが他人に向けられれば「あいつは自分を何様だと思っているのか」とか「あの人はなんであんなにお高くとまっているのかしら」といった批判になるでしょう。これらの言葉はすべて、「他の集団に同一化することで自分を卓越化しようとする野心にたいする警告、すなわち同じ存在状態にある者どうしの連帯性を思い出せという注意」［↓Ⅱ202―203／731］にほかなりません。

ブルデューは「同調圧力」という言葉を使っているわけではありませんが、これはまさに日本人の特色としてしばしば指摘される事態と通じるところがあるように思われます。いま属している集団から外に出るな、内部にとどまれ、そのためには周囲の人間と違う意見を述べたり異なる行動をとったりしてはいけない、皆に合わせて同じ意見を述べ、同じ行動をとれという、有形無形の命令――私たちを見えない壁で囲い込み、現在の所属集団の内部に閉じ込めようとする同調圧力は、おそらくあらゆる社会に見られる普遍的な現象なのではないでしょうか。

たとえば次のような一節を読むと、細部はともかくとして、身に覚えがあると感じる人は少なくないでしょう。

庶民階級の人々は、もしかしたら自分も――特にテレビを通じて――近づくことができるかもしれない正統的文化作品にたいしてあまり興味を示さないが、これはただ単に能力や親しみ深さの欠如によるものではない。テレビのように通俗的とされる話題がブルジョワ的会話から追放されているのと同様に、展覧会、演劇、コンサート、さらには映画まで含めて、ブルジョワ的会話に特有の話題が、そもそも庶民的会話においては卓越化のもくろみとしてしかとらえられないがゆえに、事実上も決まりの上でもそこからは排除されているのである。〔↓Ⅱ 203／731―732〕

あなたがインテリ集団の中で会話していたとすると、政治や経済、文学や芸術をめぐって話がはずんでいるときにいきなりアイドル歌手の話題をもちだすことは憚られるでしょうが、同様にあなたが庶民的集団の中で会話していた場合、アイドル歌手の話題で盛り上がっているときに「この歌手はブルデュー的にいえば文化的正統性が低いわけで……」などと切り出せば、空気の読めない振舞いとして顰蹙を買うだけでしょう。そんな外国の学者さんのことなんか知らないね、何をインテリぶってるんだ、と反発されるのがオチだからです。

いまある社会的位置にふさわしい集団に属している以上、そこから抜け出そうとすることは暗黙の連帯性（「われわれは同じ境遇の仲間じゃないか」という了解事項）への違反として検閲され、もとの位置に戻そうとする力学が働きます。いわゆる「抜け駆け」を抑圧するこの力は上からも下からも作用しますが、とりわけ階級上昇の意図が露わになったときにはひときわ強い禁止命令となって現れるでしょう。まさに「出る杭は打たれる」というわけです。

庶民的生活様式

庶民階級を支配する順応の原理は、会話だけでなく、生活様式や慣習行動の全般に及んできます。その例として挙げられている六十一歳の職工長、L氏夫妻のインタヴューを見てみましょう［↓Ⅱ216―221／745―750］。

Ｌ氏は十四歳のときにＳＮＣＦ（フランス国有鉄道）で労働者見習いとして働き始めたといいますから、学歴的には中等教育も修了していないことになります。その後正規の労働者となり、現在は職工長として客車用車両を担当しています。九歳年下の夫人は中等教育を修了していますが、仕事についたことはありません。子供は四人で、平均からすればかなり多くなっていますが、これは前項で見た通り、支配階級への到達確率が低い階層に見られる特徴です。住居はグルノーブルのＨＬＭ（低家賃集合住宅）で、これも庶民階級の一般的な暮らしぶりを物語っています。

まずは室内装飾についての、夫人の発言。

家を飾っているさまざまな物の大半は子供たちや友人からのプレゼントか、どこかで「掘り出して」きたものばかりで、みなそれぞれの「有用性」がある。Ｌ夫人は「家の中にちゃんとした置き場所がないかぎり」何一つ買わない。「この花瓶にしても、必要だったから買ったのよ。花を飾る必要があったから、お店で何がいるのかと尋ねられたとき、私はただ〈花瓶〉とだけ言って、店員の出してきたものを買ったわけ」。

物は「有用性」があって「ちゃんとした置き場所」がない限り購入しないというこの姿勢には、余分な装飾性をいっさい排除する「必要なものの選択」への志向がはっきりうかがえます。花瓶は「花を飾る必要があったから」買ったのであって、デザインが気に入ったからとか、部屋のインテリアに合っていたからとか、そうした美的観点から買ったのではありません。「花瓶は花瓶」というわけで、花を飾るという機能性・実用性を満たしてくれればじゅうぶんであり、それ以上の卓越性《ディスタンクシオン》は無用なのです。「役にたたないもの、戸棚にしまってしまうようなものは買ってはいけない」ことがよくわかっている夫人は、「まずとにかく置き場所がなくちゃ……。ただ並べておくだけのものなんか買わないことね」とも語っています。

こうしたL夫人の考え方は、料理についても別の形で表れています。誰かお客をもてなすとき、彼女は自分の好きな料理を作るよりも、料理本の中からメニューを探して作るというのですが、これは自分の趣味よりも一般的な社会の慣習を優先してこれに従おうとする「順応の原理」の現れでしょう。好きにすればいいのにという子供たちにたいして「最初は好きじゃないことでもしなくちゃいけないことっていうのは人生にたくさんあるんだから、そういうものでも好きになろうとしなくては駄目よ」と語ってみせる夫人の言葉は、一見すると人生の可能性を広げようとする積極的な態度とも見えますが、じつは与えられたものを好きになろうとする必要趣味の典型的な事例にほかなりません。

L氏のほうは、ヴァカンスの過ごし方についてはホテルやレストランは居心地が悪いのでキャンプに行くほうを選び、テレビではサッカー中継や自転車レースなどのスポーツ番組とウエスタン活劇を好み、知っている作曲家はベートーヴェン、ショパン、バッハくらいといった具合に、生活様式の点でも文化的知識の点でもありふれた庶民階級的特徴を示しています。美術には無関心で、画家についての知識もほとんどなく、「ゴヤの名前は聞いたことがあるし、ピランデルロやミケランジェロなんかも耳にしたことがある」というのですが、ピランデルロは劇作家であって画家ではありませんから、こうしたやり取りの中にも文化資本の貧しさが図らずも露呈しています。夫人が「でもあなたはほら、ミケランジェロはとても気にいってたじゃないの。システィーナ礼拝堂はやっぱりいいって言ってたわよ」と助け船を出すと、「ああいった絵は大好きだ、何かを表しているから」と答えるのですが、この言葉にも、絵画は何かを表すべきものであって、それ自体が美的視線の対象になるものではないという庶民的感性が現れています。

性差と階級差

ところで階級のハビトゥスが要請する順応の原理は、特に性差の問題と絡んできた場合に同調圧力の効果を容赦なく発揮します。「男のくせに酒も飲めないのか」とか、「女のくせに煙草を喫うなんて」といった紋切り型は、さすがに今日では露骨なハラスメント的発言として社会的検閲を受けるでしょうが、依然としてこの種の言葉をつい口にしてしまう人は少なくありません。

ブルデューによれば、こうしたジェンダー・バイアスの根底に横たわっているのは男女の差異にまつわる一連の対立図式の刷り込みなのですが、この構図はそのまま庶民階級と支配階級の対立図式と重なっています。

庶民階級と支配階級（特にその中の被支配集団）の対立が、男性的なものと女性的なものの対立とのアナロジーによって、すなわち強いものと弱いもの、重厚《グラ》なもの（脂っこい《グラ》食物だけでなくみだらな《グラ》冗談も含む）と痩せ細ったもの（あるいは繊細なもの）などの分類法にしたがって構成されているというのは、単なる空論ではない。

じっさい食物についてみても庶民階級(そしておそらくは女性よりも男性)は他の階級にたいして、男性が女性に対立するのと同じしかたで対立している。[↓Ⅱ204―205/733]

ブルデューはすでに『ディスタンクシオン』の第3章において、「庶民階級については、気取らない話し方 franc-parler という表現があるのと同様に、気取らない食べ方 franc-manger という表現を使えるだろう」[↓Ⅰ297/316]と述べ、食事の内容だけでなく、食べるという行為にも(あるいは食べるという行為そのものにこそ)階級のハビトゥスが露呈することを指摘していましたが、そこでも男女の性差というファクターへの言及がありました。パーティなどでは料理を二回とるのが少年から一人前の男への移行を示す特権的行為であり、逆にもっと食べたいと思っても我慢するのが少女から一人前の女への移行の証であるとか、「食べること、たくさん食べること(そしてまたたくさん飲むこと)は、男としてのステイタスの一部をなしている」ので、出されたものを残すのは男として恥ずかしいことであるけれども、女はむしろ残さずに全部平らげてしまうほうが恥ずかしいことであるとか、休日には「女たちは立ちっぱなしで忙しく給仕したりテーブルの上を片付けたり皿洗いをしている一方で、男たちはずっと座ったまま飲み食いを続けている」[↓Ⅰ297/317]とか、「食べる」という単純な振舞いにも旧態依然たる男女間の分業の図式が浸透していて、この構図がそのまま庶民階級と支配階級の対立に写し取られているというわけです。

順応の原理に照らせば、「気取らない食べ方」に反する振舞いをすること、すなわちブルジョワ的なテーブルマナーに従って上品に食事をすることは、卓越化による庶民階級からの脱出をもくろむ身振りにほかならないわけですが、そこで作動するであろう検閲のメカニズムも、やはり性差とのアナロジーによって理解することができます。マナーに従って食事をする場合は「料理に急いでむしゃぶりつくような様子を決して見せてはならず、最後の一人が料理をとって食べ始めるのを待たねばならず、料理は控え目にとらなければならない」【↓I 299／319】等々、いくつもの規範を遵守しなければならないわけですが、これらはいずれも「男らしさ」を放棄して「女らしさ」の軸に寄り添うことを意味するので、庶民階級の同類者からすれば一種の裏切り行為と映るわけです。

性差と階級差の対応関係は、より具体的な身体技法にも見ることができます。たとえば男性が魚を食べるにあたっては「ちょぼちょぼ食べる」のが似つかわしい女性のように口先だけで少しずつ食べるか、それとも男性にふさわしく大口に頬張ってがつがつ食べるか」という選択肢があるわけですが、「二つの食べかたのあいだで賭けられているのは、まさに男としてのアイデンティティそのもの、いわゆる男らしさそのもの」であるがゆえに、どちらを選ぶかは庶民階級にとどまる意思があるかないかの踏み絵ともなるのです【↓I 289／308】。

ただし支配する者と支配される者の関係は、決して単純ではありません。というのも、両者は必ずしも明確な形で対立しているわけではないからです。というより、被支配者は所与の社会的位置に自らを適合させようとすることによって、支配の構造そのものを進んで受け入れ、結果的に支配者に加担してしまうことが往々にしてあります。彼らにとって支配的文化とは敵対や打倒の対象ではなく、逆に畏敬や羨望の対象であり、しかも容易には到達することも模倣することもできない対象であるために、結局のところその定義自体を問題にすることはないまま、これを剝奪された状態に甘んじるしかないのです。

文化的剝奪

庶民階級の生活様式は、ウィスキーや絵画、シャンペンやコンサート、クルージングや美術展覧会、キャヴィアや骨董品など、あらゆる贅沢な消費が不在であることによって特徴づけられるとともに、これらの稀少な財の安価な代替物が存在することによってもまた特徴づけられる。つまりシャンペンの代わりに発泡性ワイン、本革の代わりに模造皮革、いわゆる絵画の代わりに俗悪な彩色画といったものを彼らはもってくるのであり、それらはいずれも、所有されるに値する財の定義を押しつけられるがままになるという第二段階での剝奪がおこなわれていることを示す指標なのである。［↓Ⅱ210／739］

本物の贅沢財が入手不可能であるという状態が第一段階での剝奪、すなわち経済的剝奪であるとすれば、何が贅沢財であるのかを定義する権利そのものを奪われている第二段階の剝奪は、いわば文化的剝奪と言えるでしょう。正統的文化はそれが庶民にとって到達不可能であるから正統的なのではなく（あるいはそれだけではなく）、そもそも彼らには何が正統的であるのかを定義する権利がないから正統的なのである（あるいは正統的とされるのである）という入り組んだ支配の構造が、ここにはあります。そして彼らは「稀少な財の安価な代替物」を手に入れることで満足し、それによって以上のような二重の剝奪を結果的に承認してしまうのです。

経済的剝奪に比べて文化的剝奪が目に見えにくいのは、それが象徴レベルでの文化の所有化に関わる現象だからでしょう。庶民階級を構成するのは、農産物であれ工業生産物であれ、基本的には自らの身体を用いて何かを生産することに直接携わる労働者たちです。彼らが自らのなしとげた成果を地主や資本家によって搾取され、自分の仕事を他者の仕事として横領されてしまうというのは、ある意味で古典的な階級構造の定型であり、目に見えやすい経済的剝奪の図式にすぎません。

しかし彼らは自らの生産物を象徴的に所有化するすべを知らないために、さらに加えて文化的剝奪というもうひとつの横領、すなわち言葉本来の意味における「疎外」（人間の作り出したものが人間から離れ、逆に人間を支配するようになること）という事態に見舞われるのであり、こちらはともすると看過されがちであるだけに、暗黙のうちに承認される可能性も高くなるわけです。

身体化された文化資本を所有していることは、技術的な物品のうちに客体化された文化資本を適切に（つまり正統的定義にしたがって）所有化するための条件であるが、普通の労働者たちはこうした文化資本をもっていないので、自分が用いる機械や道具によって逆に自分がそれらを使用する以上に支配され、またそれらを使いこなす正統的手段、すなわち理論的手段をもっている人々によって支配されてしまう。

〔↓Ⅱ 212／741〕

この一節を読んで、チャップリンの『モダン・タイムス』を想起した人も少なくないのではないでしょうか。ブルデューが論述にあたってこの映画を念頭に置いていたかどうかは定かではありませんが、オートメーションの生産ラインに巻き込まれて機械的に（まさに彼ら自身が機械となって）手を動かす労働者の姿には、現代文明がもたらした文化的剝奪の滑稽な倒錯がみごとに映し出されているように思われます。

「必要なものの選択」を原理とする庶民階級の趣味とは、結局のところ、回転し続ける歯車の運動によって差し出される安物の文化的生産物をひたすら受け入れながら、「しかるべき状態であり、しかもそれ以上ではない」機能的で実用的な生活様式を組み立てていくしかない人々の、二重に（経済的に、かつ文化的に）疎外された趣味であると言えるのではないでしょうか。

第8講

あなた自身の意見はあるか?

〈文化と政治〉

自分の意見——或る事柄に関して突然きかれるときに思いつく最初の意見は、通常われわれ自身の意見ではなく、ありきたりの、われわれの階級・地位・血統に属する意見にすぎない。

フリードリヒ・ニーチェ『人間的、あまりに人間的』

（池尾健一訳）

無回答率と政治的有能性

『ディスタンクシオン』の最終章にあたる第8章は、それまでの七章とはいささか趣を異にしています。というのも、そこで分析対象となっているのはこれまでのように社会階級と趣味の関係ではなく、政治に関する世論調査であるからです。その意味で、本章は一種の方法論的考察と言ってもいいかもしれません。

ブルデューがまずとりあげているのは、アンケートへの回答内容そのものではなく、無回答率の問題です。というのも彼によれば、各職業カテゴリー別に見た無回答率は「世論調査によって得られる最も重要な情報」[↓Ⅱ232／762]であるからです。ただし同じ「無回答」といっても、その中身は一様ではないということには注意する必要があります。

私たち自身もしばしば調査の対象になることから想像がつくように、問いの内容によってはそもそも知識が足りないために答えられないケースもあるでしょうし、知識はあっても、提示された回答の中に該当する選択肢がないケースもあるでしょう。たとえば支持政党を尋ねる世論調査は日本でもしばしばおこなわれますが、「支持政党なし」という回答(1)が与党と野党の政策を熟知した上での積極的無回答なのか、それとも単なる政治的無関心による消極的無回答なのかは、数字を見ただけではわかりません。

ブルデューは「政治問題を政治問題として認識し、それにたいして政治的に〔……〕答えることでこれを政治問題として扱う能力」[↓Ⅱ231／761]を「政治的有能性」compétence politique と呼び、一九七〇年当時のフランスでは伝統的な男女間の分業がこの能力に少なからず影響していたために、アンケート調査では問いの中身によって男女による回答率（裏返せば無回答率）に差が見られることを指摘しています。

たとえば外国人労働者の受け入れに関する質問（「フランスは外国人労働者が居住できるよう充分な努力をしているか」「彼らに教育の機会を充分に与えているか」「充分に適正な給料を払っているか」等）は、政治的というよりも倫理的な観点から解釈できる問いであり、むしろ女性の領分と言ってもいい問題なので、回答率はいずれも男女ともに七〇％～八〇％台でほとんど差が見られないのにたいし、「フランスはアルジェリアとの協力政策を継続するのが望ましいと思うか」といった問いになると、日常の具体的経験からは遠ざかって純粋に政治的な問題になるので、回答率は男性が九二％であるのにたいして女性は七五％と、かなり差が広がってくるといいます。また日常経験から遠い抽象的な質問、たとえば「フランスは貧しい国を援助すべきか」といった問いは、外交政策に関わるものであるとはいえ、博愛精神という心情や感性に関わる倫理的問題としてとらえられるので、回答率は男女とも八八％であるのにたいし、「フランスは民主制の国々にたいして関心をもつべきか」といった問いになると、「民主制」という言葉がほとんど政治学の領域に関わる抽象度の高い語彙であるために、回答率は男性の七四％にたいして女性は五九％と、やはり明示的に低くなっています。

そして男女間の分業意識は文化資本が貧しい階層になるほど拘束力が増す傾向があるので、こうした差異は学歴差とも密接に連動しているというのがブルデューの分析です。したがって「質問内容が日常生活や私生活に関わる問題、そして住居、食物、子供の教育、性行動など、家庭のモラルに属するような問題になればなるほど、男女間の差や高学歴層と低学歴層との差は縮まり、時にはまったく差がなくなってしまうこともある」［↓Ⅱ237／768］。たとえば娘の教育に関する質問については、男女差はほとんどなく、学歴で見るとむしろ低学歴層のほうが回答率は高くなっています。

（1）（前々頁）この数字はもちろん調査の時期や対象者、調査機関などによってまちまちですが、近年は四〇％前後を占めているようです。ちなみに西欧諸国ではだいたい一〇％前後、多くても一五％程度ですから、わが国の数字は顕著に高いと言えます。二〇一三年には「支持政党なし」というアイロニカルな名称の政党ができたりして物議を醸しましたが、政党が民意をすくいあげる機能を果たせていない点で、日本はかなり突出しているようです。

一方、「提示された質問がもっと純粋に政治的または政治学的なものであった場合〔……〕、男女間の差も、高学歴層と低学歴層の差も、ともに大きくなる」〔↓Ⅱ239／768―769〕。たとえば「中東紛争とヴェトナム戦争の間にはつながりがあると思うか、ないと思うか」という、すぐれて政治的な問いについて見ると、男性の無回答率が二一・八％であったのにたいして女性は四〇％、中等教育以上の学歴保持者が八・五％であったのにたいして初等教育修了者は四〇・六％と、きわめて明確な開きが見られます。こうしたことから、ブルデューはさまざまな問題について意見を表明する権利と義務を性別や学歴に関係なく誰にでも与えようとする「民主主義的自発主義」と、社会政策や科学技術、経済問題などに関する一定の知識と有能性をそなえた人々だけに限定しようとする「テクノクラート的貴族主義」の二律背反が見られることを指摘しています。政治に関する世論調査を場として、まさに男女差や学歴差といった「ディスタンクシオン」のメカニズムがあぶり出されてくるわけです。

発言権の委託

一般に男性の方が女性より政治意識が高いとでも言わぬばかりのこうした話には反発を

覚える人も少なくないかもしれませんが、これが当時のフランスの社会状況を背景とした客観的分析であることを忘れてはなりません。フランスといえば男女同権意識が進んだ国といったイメージがありますが、半世紀前の国民議会（日本の衆議院に相当）の女性議員はわずかに一・八％、元老院（日本の参議院に相当）でも二・五％にすぎず、じつは日本と大差ありませんでした。また、政党内で女性が重要な地位につく可能性もほとんどありませんでした。

こうした状況を変えるために、選挙にあたって男女同数の候補者擁立を各政党に義務付けた「パリテ法」(2)が制定されたのは、ようやく二〇〇〇年になってからです。その後二十年のあいだに、国民議会の女性議員比率は法制定以前の四倍近く、三八・八％（二〇一九年）にまで増えていますから、その効果は絶大だったことになりますが、かつてはフランスでも政治参加に関して明白な男女格差が見られたのです。

この種の格差は、学歴についても同様に見られます。たとえば一九七一年から七三年のあいだに社会党に加入した議員のうち、三分の二は高等教育の修了者でした。一九六八年

（2）正式名称は「選挙による議員職および選挙によって任命される公職への女性と男性の平等なアクセスを促進するための二〇〇〇年六月六日の法律」で、パリテ parité（同等、同数）という単語は含まれていませんが、一般には「パリテ法」と呼ばれます。

以前は三分の一程度であったといいますから、数年間でほぼ二倍に拡大したことになります。つまりこの時期に、高学歴であることは社会党の議員であるための必要条件になり、低学歴層がこの政党を通して政治にアクセスする機会はそれだけ縮小したことがわかります。

政治に関するこうした差別化から生まれるのは、「政治的分業に関するたがいに対照的で相補的な二つの表象」〔→Ⅱ245／776〕です。ひとつは「テクノクラート的表象」で、これは自分の知識や有能性を信じ、これを根拠として自ら政治的責任を負ったり政治的選択をおこなったりすることを引き受ける考え方。もう一つは「それを裏側から補足する表象」で、こちらは自分には知識も能力もないという感情から、政治的な責任や判断を有能な人々に委ねようとする考え方です。

前者のような表象の所有者は、「政治的言説を理解し、再現し、さらには生産するという、学歴資格によって保証されている能力」だけでなく、「政治に関与することを根拠づけられ、政治を語る権利を与えられ〔……〕、政治的なことがらについて政治的に語るだけの権威をさずけられているのだという（社会的に公認され助長された）感情」を抱くことになるでしょう。これをブルデューは「政治に関する身分上の権利」と呼んでいます。

では後者のような表象の所有者はどうでしょうか。彼らは基本的な政治的教養を欠いているために政治的言説を理解することも再現することも、ましてや生産することもできず、「政治的なことがらについて政治的に語る」ことができないので、前者のような人々にその役割を委任するしかありません。すなわち、発言権の委託という手段をとらざるをえないのです。

身分上の有能性から生まれる権威のある言葉、力強い言葉は、それが語っていることを実現することに寄与するものであるが、これにたいしては、やはり身分上のものである無能性の沈黙が答える。この無能性は具体的には技術的無能力として実感され、無能な者は有能な者に、女性は男性に、低学歴者は高学歴者に、「話しかたを知らない」者は「話しかたの上手な」者に、それぞれ発言権を委託するようしむけるのであって、これはいわば見過ごされ承認された剝奪である。〔……〕一方には政治は自分の分野ではないと認め、自分に与えられている形式上の権利を実際に行使する手段がないためにそれを放棄してしまう人がいる。また他方には自分が「個人的意見」を、あるいは有能な人々の独占物である権威ある意見、影響力のある意見をもつことさえ望む権利があると感じている人々がいる。政治的分業についてのたがいに対立しながらも相補的なこれら二つの表象は、さまざまな政治的「力」が階級間・男女間で客観的にどう分割されているかという状況をもろもろの性向や慣習行動や言説の中に再現し、それによってこの分割を再生産するのに寄与しているのだ。［→Ⅱ255／786―787］

インターネットが世界中に行きわたり、SNSを通じて誰もが自分の「個人的意見」を自由に発信できるようになった現在から見れば、ここで語られているような事態はもはや過去の話と思われるかもしれません。しかし今でもなお、いろいろな社会問題に関心はありながらも、それを的確な言葉にするだけの知識も能力もないために「無能性の沈黙」に甘んじざるをえず、自分の言いたいことを誰かが代わりに言ってくれることを望んでいる人、そして「権威ある意見、影響力のある意見」の中に自分の思いが映し出されているのを見て（あるいは映し出されていると信じて）ささやかな満足を覚えている人は少なくないのではないでしょうか。

他人の発信したメッセージをリツイートしたり「いいね」ボタンを押したりするという行為は、まさに現代における「発言権の委託」であると言えるでしょう。しかしこうした振舞いは、本来自分に与えられているはずの政治的（さらにはもっと広く社会的）権利をそうとは自覚しないままに放棄し、しかもそうして権利を奪われた状態を自ら認めてしまうこと、すなわちブルデュー言うところの「見過ごされ承認された剝奪」にほかならないのです。

政治的言説と階級的エートス

政治的な問題に関するアンケートへの回答は三種類の原理に従って生産されると、ブルデューは説明しています。第一の生産原理は階級のエートス、第二は体系的な政治的方針、そして第三は自分が選択した支持政党の路線への適合性です。

あとの二つは、提示された問いにたいして明確な基準（第二のケースでは自分がもっている政治的信条に基づく主義主張、第三のケースでは支持政党が公表している綱領や活動方針）に従って回答が生産される点で共通していますが、第一のケースは、自分が所属する階級に固有の倫理的性向が、明示的に教え込まれることなく、無意識のうちに身体化された結果として回答が生産されるという点で、性格を異にしています。つまりあとの二つには意図的に構築された一貫性があるのにたいし、第一の生産原理である「階級のエートス」には、わざわざ意図するまでもなく自然に形成された客観的な体系性がそなわっているのです。これはまさに、美的性向の集合である趣味が階級のハビトゥスによる体系性をそなえているのと同様の事情であると言えるでしょう。

さまざまな政治問題の中でも本来は家庭道徳に関わるもの、たとえば性教育の問題などについては、アンケートの回答が第一の原理によって生産される傾向が強いため、第二・第三の原理によって生産される傾向が強い純粋に政治的な意見の分布とは必ずしも一致しません。たとえば農業従事者は「性教育は十五歳以前にすべきではない」という意見を表明する率が最も高いのにたいし、事務労働者・一般管理職は「性教育は十一歳以前からおこなうべきである」という意見をもつ者が多いので、倫理観に関して前者は保守的、後者は革新的という明白なコントラストが見られるのですが、いわゆる政治的問題になると、両者のあいだにほとんど違いは見られないのです。

したがって同じ一貫性・体系性でも、「政治的「方針」の意識的な、そしてほとんど強制された体系性と、エートスの無意識的原理から生みだされた慣習行動や判断の「即自的」体系性ほど対照的なものはない」［↓Ⅱ 267／799］ことがわかります。

階級的エートスと政治的言説のあいだに見られるこの種のねじれは、左翼的な政治的意見を述べる傾向の強い知識人層（教職者、研究者、芸術家等）についても観察されます。たとえば彼らは「ストライキのピケは正当な行為である」、「人民戦線は有益な経験であった」、「自由主義よりも社会主義のほうが好きである」、「国家が主要産業をすべて国有化していたら社会状況はもっと良くなるであろう」といった、明白に左寄りの意見を表明する傾向が強い点で生産労働者層と軌を一にしており、「一九六八年の五月危機は国民の全体にとって利益をもたらした」とする者の割合は生産労働者よりも高いのですが、その反面、「五月危機以後は労働組合にたいする信頼が後退した」と考える者が多かったりもするのです。

また、個人を特徴づける最も重要な要素は何かという問いにたいして、生産労働者は「階級」と答える者が多いのですが、知識人層は「人格」と答える者が多く、経済的発展の功罪について問われると、生産労働者は「少数者にしか利益をもたらしていない」とする傾向が強いのにたいして、彼らは「大多数に利益をもたらしている」とする者が多いといった具合に、社会空間の上層に位置していることからくる階級的エートスがしばしば表面化して、生産労働者に近い政治的言説との食い違いを露呈するのです。

ただし、結果的に両者が一致するケースもないではありません。たとえば上級管理職および自由業について見ると、「性教育は十一歳以前からおこなうべきである」という意見をもつ人の割合は、左派では八〇%、中道派では五〇%、右派では三三%と、革新派と保守派がきれいに分かれているので、むしろ階級的エートスと明確な政治的な諸原則とは密接に連動していることがわかります。この職業カテゴリーにおいては、日常的な生活に関わる選択においても政治的立場の一貫性が強く関与する傾向があるということでしょう。

このように、政治に関するアンケートは単に調査対象者の意見分布を知るだけでなく、提示された回答がどのようなメカニズムで生産されたのかを分析し、必ずしも明示的に顕在化しているわけではないエートスの作用を検証することによって、数字の背後にひそむ階級性をあぶりだすための資料としても役立つのです。

意味の剝奪と流用

ところで私たち自身もしばしば経験することですが、アンケート調査に答える場合、「これは本当に自分が考えている回答ではない」とか、「選択肢としてはこれしかないのだけれども、なんとなく実感とずれている」といった感覚を抱くことがあります。集計されてしまえばある集合を構成するひとつの数字にすぎなくなってしまうけれども、そこに組み込まれてしまうことには違和感が残るというケースですが、ブルデューは「意見の剝奪と流用」という見出しの項を設けてこの現象について次のように説明しています。

賛成か反対かという最小限の回答をおこなう能力と、これに対応する質問を自分で作りだす能力、あるいは少なくとも提示された質問のうちに、それを作って提示した

> 人々にとって(すなわち文字通りに政治的なプロブレマティックの生産の場において)その質問がもっている文字通りに政治的な意味を見抜いて把握する能力とのギャップは、プロブレマティックの押しつけ効果をもたらす原因となっていて、それは提出された回答の意味の流用という形で具体的に現われてくる。調査対象者たちはじっさい、現実に自分では提示する手だてをもたない質問にたいしてあらかじめ準備された回答の中から一つを選択し、そうすることによって、たまたま自分の気持ちを表現していることはあっても本来は彼らとまったく無縁のものでしかない意見を彼ら自身の意見として扱うことを許してしまったり、あるいは提示された質問そのものに直接答えるのではなく、もともとの質問内容を消化して自分のものにするためにやむをえず自分自身で質問を作りだし〔……〕、その上でこれに答えたりするとき、自分の提出した回答の意味をそのつど剝奪されてしまうのである。〔→Ⅱ280―281/813〕

一般にアンケートというのは、質問の立て方や選択肢の設定しだいで回答を一定の方向に誘導することができるものですから、そこに何らかの政治的な意図を忍び込ませて特定の「世論」を形成することも、しようと思えば可能です。これが右の引用で「プロブレマティックの押しつけ効果」と呼ばれているものですが、提示された問題についてじゅうぶんな知識をもちあわせていない人は、どうしても理解できる範囲の回答に導かれてしまいがちですから、それが自分の考えていることと多少ずれていたとしても、あるいはもともと考えてさえいなかったことであったとしても、結果的にはその選択肢に賛成したのと同じことになってしまいます。

あるいは、趣旨のわかりにくい質問については自分なりにこれを解釈して(たとえば「予算選択の合理化」を「無駄遣いを避けること」と言い換えたりして)、本来の問いとはニュアンスの異なる問いに答えてしまうこともあるでしょう。これが「回答の意味の流用」ですが、その結果、回答者は自分がそこにこめたかった意味を正しく表明することができないまま「剝奪」されることになるのです。

具体例として、ブルデューは二つのケースを挙げています。ひとつは政治にたいして実業界が及ぼす影響についての問いで、**表5—a**〔↓Ⅱ282/815 表30〕にあるように、質問文の全体は「あらゆる国において、実業界は政治にたいして一定の影響を及ぼしています。あなたの御意見では、フランスにおいてこの影響は大きすぎると思いますか、ちょうどよいと思いますか、小さすぎると思いますか」というものですが、ブルデューはここに、よく用いられる二つのレトリック技法が見られることを指摘しています。

ひとつは「仮定の押しつけ」で、「あらゆる国において……」という前置きによって「そ

表5―a　押しつけの効果

「あらゆる国において，実業界は政治にたいして一定の影響を及ぼしています。あなたの御意見では，フランスにおいてこの影響は大きすぎると思いますか，ちょうどよいと思いますか，小さすぎると思いますか」

	大きすぎる	ちょうどよい	小さすぎる	わからない
農業従事者	28	13	3	56
生産労働者・家庭使用人	34	19	14	33
小商人・職人	39	23	7	31
一般管理職・事務労働者	44	25	11	20
上級管理職・自由業・工業実業家・大商人	55	21	8	16

資料出典：SOFRES,「政治と金銭」, 1971 年 11 月。

表5―b　新しい社会主義についての意見

「ミッテラン氏は新しい形での社会主義,〈可能なものの社会主義〉を推奨しています。これはすなわち，欧州共同体におけるフランスの位置づけと国際競争を考慮にいれた上での改革をめざすものです。あなたはこの新しい形での社会主義が実際に適用できるとお考えですか」

	はい	いいえ	わからない
男	37	35	28
女	24	24	52
農業従事者	16	33	51
生産労働者・家庭使用人	32	30	38
職人・小商人	26	31	43
事務労働者・一般管理職	37	31	32
自由業・上級管理職	40	32	28
共産党支持者	45	34	21
共産党以外の左翼支持者	48	22	30
UDR（共和国民主連合）支持者	19	37	44
民主中道派（ルカニュエ）支持者	29	35	36
進歩と現代民主主義中道派（デュアメル）支持者	31	28	41
進歩共和派支持者	20	42	38
支持政党なし・棄権者	18	19	63

資料出典：SOFRES,「可能なものの社会主義」, 1971 年 6 月。

うか、どの国でも実業界は政治にたいして一定の影響を及ぼしているのだな」という先入観が回答者の頭に刷り込まれるため、フランスでもそうなるのは当然であるという意見への誘導がなされます。もうひとつは「偽りの対称性の効果」で、ここでは三つの選択肢が並べられ、一見したところどの回答にも平等な機会が与えられているように思えるのですが、実際は「小さすぎる」という選択肢（ブルデューに言わせれば「まずありえない、ほとんどばかばかしいと言ってもいいような回答」）が採られる可能性はきわめて低く、他の二つの選択肢への暗黙の誘導が仕掛けられているというわけです。

もうひとつの例（表5―b）[↓Ⅱ282／815表31]では、リード文がもっと長くなっています。「ミッテラン氏は新しい形での社会主義、〈可能なものの社会主義〉を推奨しています。これはすなわち、欧州共同体におけるフランスの位置づけと国際競争を考慮にいれた上での改革をめざすものです。あなたはこの新しい形での社会主義が実際に適用できるとお考えですか」というのがその全文ですが、これを読んでその意味するところを即座に理解することはかなりむずかしいので、政治的知識や関心が乏しい回答者は正直に棄権するか、ミッテランについての漠然としたイメージに基づいて回答するしかなくなってしまいます。じっさい、この問いにたいしては「わからない」という回答が女性全体の五二％に及んでおり、職業カテゴリー別に見ても農業従事者の五一％、職人・小商人の四三％がやはり同じ選択肢に導かれています。
というわけで、政治的問題に関するアンケートにはしばしばこの種の「意味の剝奪と流用」が見られるため、数字をそのまま意見の正しい分布として扱うことには慎重でなければなりません。

新聞の購読率と階級

さて、『ディスタンクシオン』本来のテーマからは少し遠ざかってしまいましたが、政治的意見の形成過程が階級のハビトゥスと密接に連動していることは言うまでもありません。というのも、所有地とか肩書といった要素が「客体化された階級」であるとすれば、ハビトゥスとは文字通り「身体化された階級」［↓Ⅱ295／828］にほかならないからです。

ハビトゥスは共時的に占められている位置にたいする関係を規定し、それによって社会界にたいする実際的なあるいは明示的な立場のとりかたを規定するわけだが、政治的意見が右と左にどう分かれるかという分布状況がこのハビトゥスを仲だちとして、資本総量による第一次元と資本構造による第二次元によって規定される空間内での諸階級・階級内集団の分布状況とかなり密接に対応しているということは、以上のことから納得できる。つまり保守に投票しようとする傾向は所有資本の総量が大きくなり、資本構造における経済資本の比重が大きくなるほど強くなるのにたいし、革新に投票しようとする傾向はそれぞれ逆の場合に強くなる。［↓Ⅱ296―297／830］

第2講で概観した社会空間の構造をもう一度想起してみましょう。上に行けば行くほど資本総量が大きくなり、右に行けば行くほど経済資本の比率が高くなるこの座標平面においては、右上の領域（第一象限）が最も保守的傾向が強く、左下の領域（第三象限）が最も革新的傾向が強くなるので、空間内における「上下」「左右」の分布がそのまま、政治的傾向のそれと対応しているわけです。

この対応関係を表す具体的な指標としては、購読新聞に関する調査が有効です。社会階層別に見た一九七六年の資料（表6―a）［↓Ⅱ306／840 表35］によれば、新聞の購読率はどの職業カテゴリーでもだいたい六〇％から七〇％で大差ありませんが、農業従事者の場合はそのほとんどが地方紙のみの購読であり、全国紙の購読者は男性で三・八％、女性では〇％という数字が出ています。実業家・上級管理職では全国紙の購読率が男女ともに五〇％前後であるのと比べると、その差ははっきりしていると言えそうです。

また、学歴資格（これは正統的な政治と文化の世界に所属していることを示す標識と考えられます）と購読新聞の関係を調べた一九七五年の資料（表6―b〔↓Ⅱ306／840表33〕、ただし調査対象は男性のみ）を見ると、全国紙の購読率は（技術商業教育修了者を別として）学歴が高くなるほど上昇し、高等教育修了者では一気に五四・八％と、他の二倍に達していることが読み取れます。高学歴者ほど自分の居住地域だけでなく、フランス全体の動向に目配りしようとする傾向が強いことを示す数字でしょう。

次にこの表にある個々の新聞について見ると、「レキップ」はスポーツ紙、「ロロール」(3)は右派、「フランス・ソワール」は保守系大衆紙、「ラ・クロワ」はカトリック系、「ル・フィガロ」は中道右派、「ル・モンド」は中道左派、「リュマニテ」はフランス共産党の機関紙（現在は独立）といった具合に、およそ保守系から革新系へと並んでいますが、この中では「ル・フィガロ」と「ル・モンド」の購読者率が高学歴層で顕著に高い数字を示していることが目立ちます。この二紙は左右の違いこそあれ代表的な一般紙で、いずれも当時か

（3）同名の新聞は一八九七年から一九一四年まで刊行され、ドレフュス事件の際にはエミール・ゾラの「われ弾劾す！」（一八九八年一月一三日）を掲載したことで有名ですが、ここで挙げられているのは一九四四年にその紙名を受け継いで発刊された新聞で、一九八五年には「ル・フィガロ」に吸収されて消滅しました。

表6—a　社会階層別に見た購読新聞

回答者の社会職業カテゴリー	新聞の購読率	新聞を購読している場合	
男性		全国紙購読率	地方紙購読率
農業従事者	60.2	3.8	98.9
単能工・家庭使用人	59.3	17.3	92.5
熟練工・職工長	63.0	18.8	89.9
小経営者	70.7	20.2	90.1
事務労働者	66.1	33.4	80.5
一般管理職	63.7	40.6	73.3
実業家・上級管理職	74.0	49.8	67.6
女性			
農業従事者	53.3	—	100.0
単能工・家庭使用人	46.3	12.8	92.4
熟練工・職工長	40.6	14.6	91.4
小経営者	72.2	13.0	93.4
事務労働者	50.2	21.6	83.5
一般管理職	50.3	35.3	70.8
実業家・上級管理職	68.9	52.0	61.7

表6—b　教育水準別に見た購読新聞（男性，1975年）

回答者の教育水準	新聞の購読率	新聞を購読している場合，その購読紙								
		地方紙	全国紙	レキップ	ロロール	フランス・ソワール	ラ・クロワ	ル・フィガロ	ル・モンド	リュマニテ
初等教育修了	64.7	87.3	18.0	3.7	2.7	6.1	0.5	1.3	1.2	3.4
上級初等教育修了	74.2	80.3	25.2	1.2	4.7	7.3	1.6	5.5	3.4	3.1
技術商業教育修了	65.5	79.0	15.8	6.9	3.5	8.9	0.3	3.0	3.0	4.4
中等教育修了	67.2	80.6	28.9	5.6	3.0	7.4	1.0	5.6	8.0	2.7
高等教育修了	73.1	60.0	54.8	7.3	4.3	8.2	4.0	16.0	28.2	6.6

資料出典：補足資料 XXXIX（CESP. 76）

ら標準的な中道派インテリ層に広く読まれていたことがうかがえます。

もちろん、購読紙の政治的傾向がそのまま読者層の政治的傾向と正確に対応しているわけではありません。特に庶民階級においては乖離が大きいようで、たとえば「ロロール」は明らかに右寄りの傾向をもった新聞ですが、購読者の二七％は選挙で革新側の候補に投票すると述べています。また「フランス・ソワール」の購読者の六〇％は、もしこの新聞が自分と相容れない政治的主張をするようになったとしても購読はやめないと答えているのです。つまり「リュマニテ」のように特定の政党と結びついた新聞を別とすれば、社会空間の下層部においては購読紙による政治的立場の差異化はそれほど明確ではないようです。

けれども中間階級以上の階層においては、新聞が政治的立場を区別する指標として実質的に機能し、資本構造の違いによる社会空間の差異化をかなり正確に再現しています。

一方には中間階級における職人・小商人、支配階級における工業実業家・大商人といった、経済資本が（相対的に）豊かな層があって、彼らは購読率が全般に低く、読むとしても万人むけの新聞が多い。また他方には、中間階級のレベルでは事務労働者、一般管理職、小学校教員など、支配階級のレベルでは自由業、上級技術者、上級管理職、教授など、文化資本が（相対的に）豊かな層があって、彼らは購読率が一般に高く、全国紙、特に最も「正統的な」新聞や週刊誌を多く読む。また中間階級においても支配階級においても、小学校教員または教授の側から小商人または大商人の側へ移るにつれて、全国紙および革新系の新聞の購読率は減少するのにたいし、地方紙および保守系の新聞の購読率は逆に高くなる。［↓Ⅱ311／843―845］

ここに述べられているような分布構造は、新聞ほど明確ではないものの、週刊誌についても同様に見られます。たとえば左翼系の「ル・ヌーヴェル・オプセルヴァトゥール」の購読率は、全体として見れば中間階級より支配階級のほうが高いのですが、それよりも資本構造による違いの方が遥かに目立ちます。中間階級の左側（文化資本の優位な側）に位置する小学校教員は二五・八％が同誌を購読しているのにたいし、支配階級の右側（経済資本の優位な側）に位置する大商人はわずか二・六％にすぎません。同じ支配階級の対極に位置する教授層は三五・八％ですから、左右の差は歴然としています。

政治空間と社会的軌道

こうしてブルデューは、おもな職業カテゴリーと新聞・雑誌との対応関係を配置した「政

図８　新聞・雑誌と政治空間

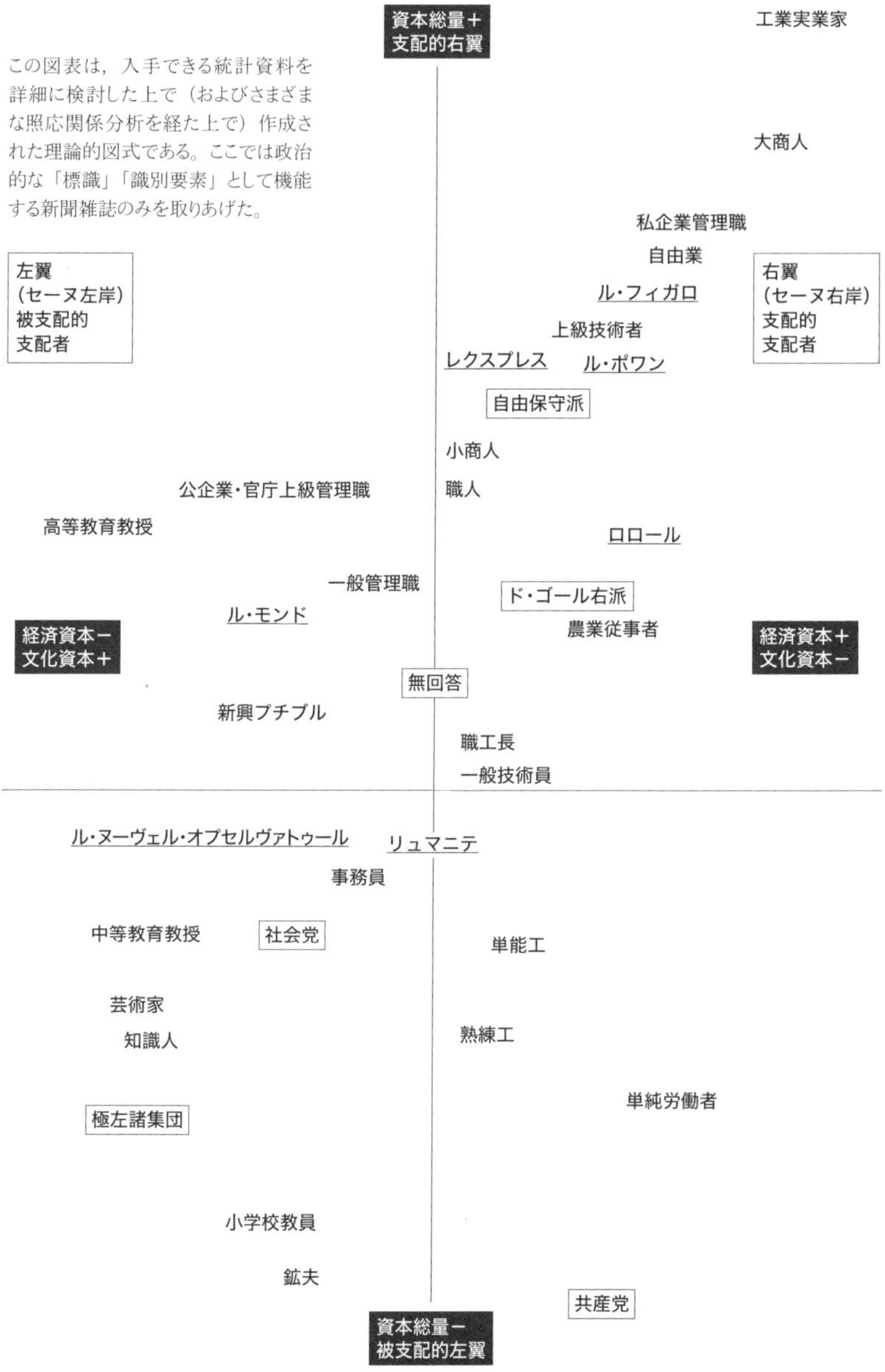

この図表は，入手できる統計資料を詳細に検討した上で（およびさまざまな照応関係分析を経た上で）作成された理論的図式である。ここでは政治的な「標識」「識別要素」として機能する新聞雑誌のみを取りあげた。

治空間」を図表化しています（図8）［↓Ⅱ315／849］。この図は本章のタイトルにもなっている「文化と政治」に関する社会空間を表していますが、これが単なる共時的な平面ではなく、時間軸に沿った変化という通時的要素を内包している点も、第2講で見た社会空間と同様です。

したがって、位置的には隣接している職業カテゴリーであっても、そこに所属している個人がどのような社会的軌道をたどってそこに到達したかによって、政治的立場が明確に異なっている、あるいは同じ政治的意見を表明していてもその意味が根本的に異なっているという事態は、じゅうぶんにありえます。それは趣味に関する選択がおもに階級のハビトゥスの強い拘束力によって方向づけられるのにたいして、政治に関する選択はそれ以上に、現に自分が占めている社会的位置、およびこれから自分が占めるべき社会的位置についての主観的表象によって方向づけられるからであると考えられるでしょう。

少しくだいて言えば、政治的選択にあたっては自分がどんな家庭の出身であるのか、現在はどのような職業でどのような地位を占めているのか、そして将来はどのような職業でどのような地位に就きたいのか、そうしたことについて思い描いているイメージ全体が介入してくるということです。

代々支配的な立場にある家系の人たちは、自らの資産や地位を子供に受け継ぐことによって社会的位置を再生産することに固執するでしょうから、急激な階級構造の変化を望まず、どうしても保守的な政治的立場を選択する傾向があります。これにたいしてプチブル階級から上昇してきた人たちは、旧来のブルジョワよりは革新的性格が強いものの、支配階級の価値観に同化しようとする志向があるため、正統的文化そのものの転覆をもくろむことはなく、政治的には保守中道的な立場をとることになるでしょう。そしてブルジョワから階級脱落して中間階級に下降してきた人たちは、再上昇を目指して正統性そのものの再定義を試み、自分が受け入れられやすいような形での社会構造の変化を望む結果、前二者よりも革新的傾向を濃厚に帯びることになると思われます。

したがって「たがいに似たような位置を占めている個人どうしでも、その出身階層と軌道の違いによって異なる意見をもつこともありうる」わけですが、それでも個人的軌道の効果は、その階級全体に固有の効果の範囲を越えることはないというのが、ブルデューの説明です。「同じ階級の人々がもっている種々の倫理的——政治的性向は、どれもがその階級全体を基本的に特徴づけている単一の性向の変形として現れてくる」からです[↓Ⅱ320／854—855]。

当然のことながら、社会は絶えず変動しています。すでに見た通り[↓第2講62]、社会的位置というのは他者との相関関係によって決まるものですから、私たちは自分から積極的に移動しようと意図しなくても、否応なく連続的な移動を余儀なくされます。会社で同期の社員が出世すれば自分の位置は相対的に下降するでしょうし、周囲が保守化すれば自分の位置は相対的に左（革新側）にずれるでしょう。こうして私たちは政治空間の中を文字通りに「右往左往」するわけですが、じつはそれぞれの階級もまた不断に揺れ動いているのであって、個人の振れ幅はあくまでも階級全体の振れ幅の枠内に収まっているのです。逆にいえば、その枠を突き破るような社会的移動が生じるとき、私たちはこれを「革命」と呼ぶのかもしれません。

〈総括講義〉

もっと怒りを！

〈階級と分類〉

我々は、うんざりだ。彼らが正当化している国家による人種差別に、我々はうんざりだ。

ピエール・ブルデュー『介入』

（櫻本陽一訳）

露呈した亀裂

ここまで『ディスタンクシオン』の構成に沿って、その趣旨を私なりに咀嚼しながら駆け足で概観してきました。もちろんこの書物の詳細かつ濃密な記述内容をじゅうぶんに伝えられたとは思いませんが、少なくともそのエッセンスのようなものは垣間見ていただけたのではないかと思います。

「階級と分類」と題された最終章では、この二つの概念を中心にこれまでの議論が総括されています。しかしその中身に入る前に、個人的な思い出話[↓第4講130―133]の続きを少しだけ語らせてください。

半世紀前の一九七〇年当時、熱狂的な盛り上がりを見せる学生運動からは一定の距離を置き、当時としてはほとんど犯罪的なまでにごく普通のノンポリ（nonpolitical＝政治に無関心な）学生であった私ですが、それでも七〇年の日米安全保障条約改定のときには友人たちと一緒に抗議デモに参加しましたし、これを抑圧しようとする機動隊の催涙ガスを浴びたこともあります。そして街中を逃げ惑いながら、あれほど軽蔑していたはずの安易なヒロイズムに浸っている自分にふと気づいたりもしました。

今から思えば青春時代に特有の自己欺瞞にすぎなかったのかもしれませんが、私としては時代の狂騒に精一杯寄り添うふりをするしかなかったのでしょう。しかし抵抗感なしに「プロレタリア革命」の可能性を語る周囲の友人たちへの違和感と居心地の悪さは、どうしても払拭できないままで体のどこかに重く淀んでいました。「一億総中流」という物語の枠内で一定の役柄を演じ続けてきた人間が、まったく筋書きの異なる「階級闘争」という別の物語に無理やり巻き込まれてしまえば、出演するはずではなかった別の舞台に間違って紛れ込んでしまった役者のように、ひたすら狼狽して立ちすくむしかありません。

ところがあれほどの高まりを見せていた学生運動も一九七二年の連合赤軍あさま山荘事件あたりを境にして潮が引くように後退しはじめ、七〇年代も後半になると、革命を標榜する左翼イデオロギーは完全にその勢いを失ってしまいました。口角泡をとばして議論にふけっていた周囲の学生たちも、それぞれ社会のどこかに自分の場を見つけて日常の風景にさりげなく紛れ込んでいき、大企業に就職したり、官僚になったりした者も少なくありませんでした。

もちろん、中には当初の信念を貫いて既存の組織の外部に身を置き続けようとする者もいなかったわけではありません。けれどもそうした人々を待っていたのはもはや熱い連帯ではなく、冷ややかな孤立でしかなかったような気がします。やがて一九八九年のベルリンの壁崩壊、一九九一年のソビエト連邦消滅という二つの象徴的な事件を経て、マルクス主義的歴史観がほぼ完全にその命脈を断たれたことは周知の通りです。

こうして学生運動の季節が去り、一九八〇年代後半から始まったバブル景気が九〇年代に入ってまもなくはじけると、今度はにわかに経済格差の拡大がクローズアップされ、日本でも新たな階層化が進行しているという認識が広がってきました。ネオリベラリズムの市場原理にのっとったゲームである以上は勝者もいれば敗者もいるという容赦のない現実が、社会の前景にせりあがってきたのです。

もちろん、八〇年代まで続いていたかに思われる「一億総中流」という物語自体があくまでも幻想にすぎず、それ以前から格差拡大のプロセスは潜在的に進行していたのかもしれません。長期にわたる経済的安定を背景に、いわばひび割れがセメントに塗りつぶされるようにして、階層間の裂け目が私たちの視界から遮蔽されていただけなのかもしれません。そしてひとたび景気が破綻して経済活動が収縮するやいなや、塗装が剝がれ落ちて、それまで目に見えなかった亀裂が露呈してきたというのが実情なのではないか、そんな気もします。

しかしいずれにせよ、世紀が替わってすでに二十年が経過した現在、この傾向にはますます拍車がかかっているというのが、導入講義で確認した現状認識でした。このことを踏まえた上で、『ディスタンクシオン』の最終章を読んでみましょう。

身体化された社会構造

ブルデューはまず本書の主題である「趣味」に立ち戻り、これが「区別だての操作によって差異を設定し、またはしるしづけようとする性向」であることを確認します。そして趣味の生成原理であるハビトゥスの図式が「最も無意識的な身振りのうちに、あるいは手先の動きや歩きかた、座りかたや洟のかみかた、物を食べたりしゃべったりする時の口の動かしかたなど、一見したところ最も無意味に見える身体技法のうちに〔……〕社会界の最も基本的な構築・評価原理、すなわち（階級間、年齢層間、男女間の）分業あるいは支配の分業を最も直接的に表現する諸原理を、身体および身体にたいする関係の分割形態のうちに投入する」と総括します［↓Ⅱ337／873］。

これは私たちがこれまで見てきた内容の手短な要約になっていますが、ブルデューはさらに次のようにこの命題を敷衍しています。

社会的主体が社会界を実践的に知るために活用する認識構造は、身体化された社会構造である。つまり社会界の中で「理にかなった」行動をするために前提とされるこの社会界についての実践的知識は、もろもろの分類図式（あるいはお望みならば「分類形式」と言ってもいいし、「精神構造」とか「象徴形式」などと言ってもよかろう――これらはいずれも、ニュアンスの違いを無視すればほぼたがいに交換可能な表現である）、すなわち種々の階級（年齢階層、性別階層、社会階級）への客観的分割の産物であり意識と言説の手前で機能する歴史的な知覚・評価図式を、活用するのだ。これらの分割原理はある社会の基本構造が身体化された結果生まれたものなので、その社会のあらゆる行為者たちに共通であり、したがって共通で意味のある世界、共通の意味《サンス・コマン》〔常識〕の世界を生産できるようにしてくれるのである。［↓Ⅱ 340／876］

ここで「身体化された社会構造」と言われているものが、これまで「ハビトゥス」と呼んできたものとほぼ同義であることは言うまでもありません。ある社会で歴史的に形成されてきた知覚・評価図式は、「種々の階級への客観的分割の産物」として、明確に自覚されることなく（すなわち「意識と言説の手前で」）社会的主体の身体に取り込まれており、私たちはその分類図式に従って社会界を実践的に認識するのですが、その分割原理は特定の階級・集団に固有のものなので、必然的に構成員全体に共有されることになります。右の引用の最後に「共通の意味《サンス・コマン》」という言葉が出てきますが、これはいわゆるコモン・センスであると同時に、同一のハビトゥスの所有者たちを同じ選択や判断へと導いていく「共通の感覚《サンス・コマン》」でもあり、「共通の方向《サンス・コマン》」でもあるでしょう[1]。

ただし注意しなければならないのは、「社会学者が分類する社会的行為者たちは分類可能な種々の行為の生産者であるばかりでなく、それら自体が分類されている種々の分類行為の生産者でもある」【→Ⅱ338／874】ということです。これはこれまで何度か述べられてきたことの確認ではあるのですが、やや入り組んだ言い方なので、少し整理してみましょう。

社会学者の研究対象となる社会的行為者たち（すなわち社会の中で生きている私たち自身）が実践するさまざまな行為は、「上品／下品」「高尚／低俗」「洗練／粗野」「卓越／凡庸」等々、一連の形容詞の対比に従って分類されますが、ブルデューがここで言っているのは、こうして分類される社会的行為者たちが、それらの行為の生産者であると同時に、種々の行為をそのように分類する行為自体の生産者でもある、ということです。つまり社会的行為者とは、あらかじめ決められた基準をそのまま受け入れて上品なものと下品なもの、高尚なものと低俗なものを区別するだけでなく、何が上品で何が下品であるのか、何が高尚で何が低俗であるのかを決定する基準そのものを自ら生産する主体でもあるのです。著者は少し後で「日常的慣習行動においては行為者自身が社会界の構築行為の主体である」

［↓Ⅱ 339／875］とも述べていますが、この一文の意味するところも異なるものではありません。すでに繰り返し見てきたように、社会的存在である以上、私たちは多かれ少なかれ所属集団（階級）に固有のハビトゥスを身体化しており、あらゆる趣味や生活様式や慣習行動はこの原理に従って生産され、分類されます。しかしそれはけっして一方的な規定関係ではなく、この原理そのものを生産し、構築し、場合によっては変容させていくのもまた、私たち社会的主体なのです。「構造化する構造」としてのハビトゥスが、まさにこうした「常に生成変容する自己更新力をそなえた創造的なシステム」［↓第3講 96］であったことをあらためて思い出してください。

境界感覚と帰属判断

以上のように、分類すると同時に分類され、分類されると同時に分類する社会的行為者である私たちは、(2) 主体と客体のあいだを絶え間なく往復しながら、社会空間の中に一定の

（1） フランス語の sens という単語には「意味」「感覚」「方向」という三つの意味があります。また、ブルデューはさらに「紋切り型《リュー・コマン》」（共通の場所）という言葉も用いています［↓Ⅱ 341／877］。

位置を占めていくことになります。

さまざまな生活条件に結びつき、差異化されていると同時に差異化する力をもった条件づけを介して、また社会構造とそれが及ぼす構造化作用の力を支えている種々の排除と包含、結合（結婚、恋愛関係、姻戚関係など）と分割（共存の不能、絶縁、抗争など）を介して、さらにはもろもろの対象（とりわけ文化的作品）、制度（たとえば学校制度）、あるいは単に言葉遣いなどのうちにしるされているあらゆるヒエラルキーや分類を介して、そして最後に、家庭や学校制度のようにこの目的のために特別にしつらえられた諸制度が押しつけてくる、あるいは日常生活の中でおこる数々の出会いや相互作用から絶えず生じてくる、あらゆる判断、決定、分類、警告などを介して、社会秩序は徐々に人々の頭に刻みこまれてゆく。こうして現実の社会的分割は社会界にたいする人々の見かたを組織してゆく分割原理となる。そして客観的境界は境界感覚に、すなわちこれらの客観的境界を実際に経験することを通して獲得された、あらかじめ実践的に客観的境界を見越すことのできる感覚、自分がそこから排除されているもの（財、人間、場所など）から前もって自らを排除するようにしむける自分の場所の感覚になる。

［→Ⅱ 344—345／880—881］

ほとんど説明の要のない明快な記述ですが、重要なのは「現実の社会的分割は社会界にたいする人々の見かたを組織してゆく分割原理となる」という一文でしょう。この文中の「現実」に相当するのが「客観的境界」であり、「分割原理」に対応するのが「境界感覚」であることは見やすい事実です。この引用に挙げられているようなさまざまな力学によって、私たちの頭には現実の社会秩序が刷り込まれていくのですが、それは社会界にたいする私たちの表象そのものを構造化し、自分がどこに所属していてどこに所属していないのか、自分が入っていい場所はどこで入ってはいけない場所はどこなのか、といったことを本能的に見分けることを可能にするのです。

客観的な社会構造が身体化され、表象のレベルで主観的な分割原理として作用する結果、「自分の場所の感覚」を暗黙のうちに規定するという経験は、日常生活においてもしばしば実感されるところでしょう。学校にかよっていても、周囲の生徒たちとはどうしても話題が合わないとか、会社に入ってはみたものの、同僚たちとはなんとなく肌合いが違うと

(2) ブルデューは最終節で、この事態を「他者の特性や慣習行動を、あるいは自分自身のそれを分類する分類主体は、また（他者の眼前で）自らを分類する分類可能な客体でもある」［↓II 361／897—898］という言い方で説明しています。

か、そうした違和感は誰でも多かれ少なかれ抱いたことがあると思いますが、それは取りも直さず、「ここはおまえの場所ではない」という一種の警告にほかなりません。この種の経験がある程度繰り返されると、ある集団に身を置くまでもなく、自分はそこに入るべき人間ではないということがあらかじめ察知されるので、「前もって自らを排除する」機制が働くわけです。

しかも厄介なことに、「境界感覚の特徴は、それがいつしか境界を忘れさせてしまうところにある」とブルデューは言います。というのも、人々は（特に被支配的な位置にある人々は）「分布構造が自分に割り当てているものを自らに割り当て、自分に拒否されているものを拒否し（「それはわれわれ向きではない」）、自分に与えられているものだけで満足し、自分の抱く期待を自分に与えられている機会に釣り合わせ、既成秩序が彼らを定義している通りに自己を規定し、自分自身にたいして下す決定のうちに社会構造が彼らにたいして下している決定を再現」する傾向があるからです［→Ⅱ345／881—882］。

自分が占める位置はこのあたりなのだ、自分が手に入れられるものはこれくらいであり、自分が動き回れる範囲はこの辺までなのだ、少しばかり贅沢な趣味や生活様式が目に入らないわけではないけれど、あれはしょせん「私たち向きではない」のであって、自分の生活はこの程度でじゅうぶんなのだ——日本語でまさに「分をわきまえる」という言葉にふさわしいこの種の感覚は、けっして不自由とか不満とかに結びつくことがないので、自分を囲い込んでいる境界線はもはや境界線としては意識されず、乗り越えるべき限界として認識されることもなく、あたかもそれが客観的必然であるかのように受容され、各々の帰属判断を固定化するのです。

階級闘争から分類闘争へ

とはいえ、境界とはやはり「力ずくで攻撃したり防御したりすべき境界線《フロンチエール》＝前線」であり、「それらを規定する分類システムは、知識の道具というよりもむしろ力の道具」なのであってみれば【↓Ⅱ353―354／890】、ブルデューが最終章の最後に近い節に「分類闘争」というタイトルをつけている理由も納得できます。この講義を通じて見てきた通り、彼は支配階級・中間階級・庶民階級という三層構造に基づいて社会の全体像を描いているのですが、ここでの階級決定の原理はもはや経済資本による一元的な指標ではなく、文化資本も加えた二元的な指標、すなわち二種類の資本の総量と配分構造でした。この操作によって実体論的な階級は決定的に相対化され、関係論的な文脈の中に繰り込まれます。これはある意味で、構造主義以降の思想的パラダイムシフトに呼応する転換でもありました。

したがって、この時点ですでに「闘争」の概念はその内実を一変させていたと言えるのではないでしょうか。それは資本家と労働者、持てる者と持たざる者、搾取する者と搾取される者の「力」による正面対決ではなく、個々の人間がみずからの身体をもって実践する日々の生活様式や慣習行動を通した「分類＝等級づけ」の、絶えざるせめぎあいとして把握されます。私たちはどのような文化が「正統的」であるのかを決める権利をめぐる闘争、すなわち「正統性」の定義をめぐる葛藤を「象徴闘争」という言葉で見てきましたが【↓第4講127―130】、ここでブルデューは、あらためて「分類闘争」という言葉でこれを定義し直していると考えてもいいでしょう。

このとき「階級」と「分類」のあいだには、一方が他方の産出原理として作動しながらたがいに支え合うという、相補的な関係が成立することになります。「分類とは階級間の闘争の産物であり、また階級間に成立する力関係によって決まるものでありながら、それ自身が諸階級を生み出すのに寄与しているものなのである」【↓Ⅱ361／897】という、『ディスタンクシオン』の最後に近い一文は、この間の事情を適確に要約しています。

そもそもブルデューが採用している三つの階級はいずれも一枚岩ではなく、それぞれの内部に複雑に入り組んだ分節のメカニズムをはらんでいます。およそあらゆるカテゴリー化の操作は各カテゴリー内部の軋みやずれを隠蔽してしまいがちなものですが、彼の描き出す社会空間のヴィジョンにおいては、階級同士だけでなく、階級内部での差異もまた細部まで透視され、階級の定義そのものに組み込まれているのです。だからブルデューにとって、「階級」はもはやアプリオリに措定された集合的な闘争主体ではありえません。かつて団結と連帯の単位でありえたかもしれないそれは、今や断片化の力学にさらされた分裂と競合の場《シャン》として立ち現れてくるのです。

以上のことを確認した上で、もう一度だけ自著からの引用をお許しください。

階級闘争 lutte des classes から分類闘争 lutte de classement へ——これはしたがって、単なる言葉遊びではない。政治・経済レベルでの固定的な階級概念の崩壊が進行すればするほど、私たちの欲望が文化レベルでの分類＝等級づけによる新たな差異の生産へと傾斜してゆくのは、おそらく避けがたい展開であるからだ。大きな差異の消滅したあとには、小さな差異のざわめきが広がる。私たちの直面しているのは、まさにこれらの小さな差異をめぐる、無数の小さな闘争なのではないか。〔→『差異』305—306〕

「物語」という言葉こそ使っていませんが、このとき私が念頭に置いていたのは、奇しくも『ディスタンクシオン』と同じ一九七九年に刊行されたフランソワ・リオタールの『ポストモダンの条件』[3]でした。リオタールはこの書物で「大きな物語の終焉」を語っていましたが、闘争のフィールドを政治経済から文化へ、すなわちイデオロギーから趣味判断へと移し変えることで、ブルデューは世界の構造化原理をマクロな階級闘争からミクロな分類闘争へとずらしてみせたわけですから、これもまた「大きな物語」から「小さな物語」への転換の一形態と言えるのではないでしょうか。そして「格差社会」と言われる現在の日本の社会的亀裂はまさに、「階級闘争」という大きな物語が終わった後に浮上した「分類闘争」という小さな物語によって招来されたものであるように思われるのです。

その後のブルデュー

原書には「結論」の後に「追記」として「「純粋」批評の「通俗的」批判のために」という章がありますが、これはカントの『判断力批判』を中心に、ショーペンハウアー、デリダ、プルーストなどに言及しながら、『ディスタンクシオン』に欠けているように見える哲学的・文学的美学の伝統について述べたもので、興味深い文章ではあるものの、本書の内容との直接的な繋がりは薄いため、ここでは割愛します。

最後に締めくくりとして、導入講義と若干重複しますが、その後のブルデューがどのような軌跡をたどったかを簡単に振り返っておきましょう。

『ディスタンクシオン』の翌年（一九八〇年）に『実践感覚』[4]を刊行したブルデューは、一九八一年にコレージュ・ド・フランスの社会学講座教授に就任しました。いわばフランスにおける知のヒエラルキーの頂点に登りつめたわけですが、その後は『ホモ・アカデミクス』[5]や『国家貴族』[6]などの問題作を次々と世に問うた後、彼としてはめずらしく文学を対象とした一九九二年の『芸術の規則』[7]をひとつの区切りとして、しだいに政治参加《アンガジュマン》への傾斜を深めていきました。

その里程標となった一九九三年の『世界の悲惨』[8]は、主として移民労働者や貧困層の人々を対象とするインタヴューを中心に構成された千ページにも及ぶ大著（正確にいえばブルデュー派の社会学者二十数名による共著）ですが、この種の書物としては例外的なベスト

（3）『ポストモダンの条件』、小林康夫訳、書肆風の薔薇、一九八六年。
（4）『実践感覚Ⅰ・Ⅱ』、今村仁司他訳、みすず書房、一九八八年、二〇〇一年。
（5）『ホモ・アカデミクス』、石崎晴己他訳、藤原書店、一九九七年。
（6）『国家貴族Ⅰ・Ⅱ』、立花英裕訳、藤原書店、二〇一二年。
（7）『芸術の規則Ⅰ・Ⅱ』、石井洋二郎訳、藤原書店、一九九五―六年。
（8）『世界の悲惨Ⅰ～Ⅲ』、櫻本陽一他訳、藤原書店、二〇一九―二〇年。

セラーとなり、彼のカリスマ性を確かなものにするきっかけとなりました。またブルデューは自分の主宰するリベール＝レゾン・ダジール社から一九九六年に『テレビジョンについて』[9]、九八年に『迎え火』[10]（いずれも原題）という廉価版の小冊子を刊行し、特に後者ではグローバリズム批判・ネオリベラリズム批判の姿勢を明確に打ち出しました。

その一方、一九九五年一二月の大規模な鉄道労働者らのストライキや、一九九八年一月の失業者たちによる高等師範学校占拠事件など、いくつかの集団的な異議申し立てにさいしてはみずから現場に足を運び、社会的弱者にたいする全面的な擁護と連帯の意思を表明しています。[11] ただし学者がひとたび学問の世界を踏み出して社会問題に介入すれば、立場決定の鮮明度に応じてそれなりの批判や攻撃を浴びることは避けられません。とりわけブルデューのように知の最高権威として聖別された立場にある人物となると、反撥のヴェクトルもそれだけ増幅されます。

じっさい一九九八年の夏から秋にかけては、ほとんど「ブルデュー・バッシング」ともいうべき論調がメディアに氾濫するという現象が見られました。詳しい経緯は省きますが、経済資本はもとより文化資本もけっして豊かとはいえない地方公務員の家庭から教育制度の階梯を独力で這い上がってきたブルデューが、コレージュ・ド・フランス教授という特権的な地位につきながら知的権威の象徴暴力を批判し、現代のサクセス・ストーリーを体現する例外的な強者でありながら弱者に寄り添う構えを示してみせることへの根本的な疑問ないし不信感を、当時の少なからぬ人々が共有していたことは確かであったように思われます。Bourdieu という彼の姓にたまたま dieu（神）という綴りが含まれていたことも、この種の反発に恰好の口実を与えました(12)。

要するにブルデューの批判者たちによって提起されていたのは、「知識人と大衆」という古くて新しい問いだったのでしょう。ある人物が一定の影響力を行使するには、当然ながらその言説が水平的な広がりをもって大衆に受け入れられなければなりません。しかしそのためにはまず、その人物が大衆とは一線を画した特殊な存在として際立ち（それこそ「卓越化」され）、垂直的な高みに屹立しなければならないという、根本的な矛盾が存在します。弱者を擁護するには自ら強者となることが求められ、権威を批判するには自ら権威

(9)『メディア批判』、櫻本陽一訳、藤原書店、二〇〇〇年。
(10)『市場独裁主義批判』、加藤晴久訳、二〇〇〇年。
(11) こうした活動については、ブルデューの四十年間にわたる政治的発言を収録したF・プポー＋Th・ディセポロ編『介入Ⅰ・Ⅱ』（櫻本陽一訳・解説、藤原書店、二〇一五年）が参考になります。
(12) dieu の形容詞形は divin ですが、そこから皮肉をこめて bourdivin という形容詞が作られたりもしました。

を手にすることが要請されるという、知識人の名に値する者ならば誰もが回避することのできない、宿命的なパラドクス――このとき必然的に、大衆との連帯という意思表示は根源的な自家撞着をはらみ、反権力の身振りはいかがわしい自己欺瞞の様相を帯びざるをえません。

水平性と垂直性が切り結ぶこのジレンマを、ブルデューはどうやって乗り越えたのか、あるいはついに乗り越えられなかったのか、それを検証することは容易ではありませんが、少なくとも言えることは、彼の発言や行動が場合によっては「上からの啓蒙」を思わせる知識人特有の尊大な身振りと誤解されかねない部分があったとしても、その思考や感性のハビトゥスは間違いなく、常に大衆の側にあることをやめなかったということです。

その証拠に、ブルデューはいつも本気で「怒って」いました。彼が没した年に哲学者のミシェル・オンフレは『怒りの才能讃――ピエール・ブルデューの墓』[13]と題する追悼の書物を刊行していますが、まさにオンフレがいみじくも名付けた「怒りの才能」を、ブルデューは死に至るまで保持し続けたのです。

もはや弱者に「なる」ことは叶わないとしても、怒りによって弱者と「ともにある」ことはできます。おそらく彼は、自分が獲得してしまったカリスマ的卓越性と身にしみついた大衆的体質との矛盾にたいしても、真剣に苛立っていたのではないでしょうか。だからこそなおのこと、自らにまとわりつく名声や権威を利用しながら啓蒙的知識人として振舞うことを、あえて戦略的に択び取ったのではないでしょうか。

ブルデューが没した後、その衣鉢を継いで、大衆とともに怒りながら権威や不正に敢然と異議申し立てをするビッグネームは、今のところ見当たらないように思われます。彼の死とともに、「行動する知識人」という大きな物語もまた、ひそかに終焉を迎えたのかもしれません。

在りし日のブルデューを偲びつつ、以上で『ディスタンクシオン』講義を終わります。

(13) Michel Onfray, *Célébration du génie colérique — Tombeau de Pierre Bourdieu*, Galilée, 2002.

〈補講〉

差別化の構造
日本で『ディスタンクシオン』を読む

ピエール・ブルデュー

＊初来日時の講演「社会空間と象徴空間――日本で『ディスタンクシオン』を読む」（一九八九年十月四日、於・日仏会館）を、「差別化の構造」と改題したもの。初出は、加藤晴久編『ピエール・ブルデュー　超領域の人間学』（藤原書店、一九九〇年）所収。

＊〔　〕内は訳者による補足。

もし私が日本人だったら、日本人でない人々が日本について書いていることの大半は、きっと気にいらないだろうと思います。もう二十年以上も前のこと、『遺産相続者たち』〔一九六四年、邦訳藤原書店、一九九七年〕という本を書いていたとき、私はアメリカの民族学者たちがフランスについて行っていた研究にいらだちを覚えておりましたが、これはルース・ベネディクトの有名な本、『菊と刀』〔一九四六年〕にたいして日本の社会学者たち、特に南博や和辻哲郎などが批判の刃を向けていたのと同じたぐいの反応だなと思ったものでした。したがって今日は皆さんに、いわゆる「日本的感性」について語るつもりはありませんし、また日本の「神秘」や「奇跡」について語るつもりもありません。私は自分のよく知っている国について語ろうと思います。それは私がそこで生まれたからとか、その国の言葉を話すからとかいった理由によるのではなく、その国を私が詳しく研究してきたからです。その国とはもちろん、フランスのことです。その場合、私は果たしてある特異な社会の個別性のうちに閉じ籠もり、日本については何も語らないということになってしまうのでしょうか？　そうは思いません。それどころか、フランスという個別的ケースに関して構築してみた社会空間と象徴空間のモデルを提示しながら、私は絶えず日本について語ることになるでしょう（たとえばここがアメリカだったらアメリカについて、ドイツだったらドイツについて語ることになるのと同じことです）。ですからこの講演は皆さんご自身に関わるものですし、また、もし私がフランスの「ホモ・アカデミクス」についてお話ししたならば――明日はまさにこのテーマでお話しする予定です〔十月五日東京大学における講演「新たな資本――日本で『国家貴族』を読む」〕――この講演は個人的な暗示やほのめかしに満ち満ちているとさえ思われるかもしれないのですが、こうした私の話を完全にわかっていただくためには、私としてはぜひ皆さんに、対象を個別化・特殊化するような読み方を乗り越えていただきたいし、そのようにお手伝いもしたいと思っております。この「対象を個別化・特殊化するような読み方」というのは、分析対象が分析という行為から身を守るための強力な防御システムを提供することができるものであるのみならず、分析対象を受容する側で見れば、日本に関するあれほど多くの研究をこれまで触発してきたところの好奇心、つまりエキゾチックな特殊性にたいする好奇心と、まったく正確に同じものにほかなりません。

『ディスタンクシオン』の試み

私の仕事、なかでも『ディスタンクシオン』は、こうして対象を個別化・特殊化する単純な読み方をされてしまう危険にとりわけさらされています。いわゆる「大理論」というものは普通、何らかの経験的現実にたいする参照関係がいっさい見られないといったことをはじめとして、さまざまな特徴によってそれとわかるものですが、この書物では、理論モデルがそうした特徴を何一つまとっておりません。そこでは社会空間、象徴空間、社会階級といった諸概念も、それら自体として、それら自体のために検討対象とされることは、けっしてないのです。つまり本書では、空間的にも時間的にもはっきりと位置づけられた対象、すなわち一九七〇年代のフランス社会という対象について複数の観察・測定方法が動員されており、量的な方法も使えば質的な方法も使い、統計学的方法もあれば民族誌的方法もあり、マクロ社会学的方法も用いればミクロ社会学的方法も用いるといった具合なのですが（これらの対立はいずれもまったく意味がありません）、理論的であると同時に分かちがたく経験的でもあるようなこうした研究過程のなかで、今しがた挙げたような諸概念はいわば試され、テストされているわけなのです。それにこの研究の報告は、多くの社会学者たち、特にアメリカの社会学者たちがこれまで使い古してきて習慣となっているような言葉遣いでは提示されておりません。そうした言葉遣いは一見普遍的なものに思えますが、それはただ、用語が不明確で普通の用法からはっきり区別されていないという曖昧さのせいで、そう見えるにすぎないのです。一つだけ例を挙げるとすれば、profession〔職業〕という概念などがそうでしょう。またこの本では統計図表、写真、インタビューの抜粋、資料のコピー、そして分析にあたる部分の抽象的文章などを並列し、いわば言説のモンタージュとでもいった手法をとりましたが、そのおかげできわめて抽象的なものときわめて具体的なものが、そこでは同時に共存しています。たとえばフランスの大統領〔この当時はジスカール・デスタン〕がテニスをやっている写真や、パン屋のおかみさんのインタビューが、ハビトゥスのもつ生成力・統一力についてのきわめて形式的な分析と一緒に並んだりしているわけです。

私の科学的〔学問的〕もくろみの全体は、じっさい、次のような確信から生まれてきたものです。つまり社会世界の最も深い論理を把握しようと思ったら、歴史的に位置づけられ日付を与えられたある経験的現実の個別性・特殊性のなかに、どうしても深く潜り込まなくてはならない、ただしそれはこの現実を、バシュラールの言葉を借りれば「可能態の特殊ケース」として、すなわちいくつかの可能な形態の配置から成る有限な圏域《ユニヴェール》のなかの、ある一形態のケースとして構築するためである、という確信です。具体的にいえば、一九七〇年におけるフランスの社会空間を分析するという作業は、現在を対象とする比較歴史学としても、またある特殊な文化圏に取り組む比較人類学としても考えることができる、ということです。いずれの場合も重要なのは、観察された可変要素の一つひとつのうちに、不変の要素、つまり構造を把握しようと試みることにほかなりません。

この不変要素は、ちょっと見ただけではなかなか見えてきません。特にこのまなざしがエキゾティズムの愛好者、つまりピトレスクな差異〔自分の国とははっきり変わっていて目につく違い」を好む人間のまなざしであるような場合には、なかなか見えにくい。こうしたまなざしは、明確な決心によって、あるいは単なる軽率さによって、表面的に好奇心をそそる事物とか、非常に目につく自分たちとの差異の方へ、とかく向かいがちであるからです。そうした差異は、足速にその土地を通過してしまうその国の言葉をしゃべれない外国人観光客のためにわざわざ生産され、保存されていることもめずらしくありません（たとえば日本の場合ですと、いわゆる「享楽文化」について言われたり書かれたりしていることなどを、私は念頭に置いているわけです）。こうした現象的なものの比較研究の代わりに、本質的なものの比較研究を置き換えてやらなければなりません。もろもろの構造やメカニズムは、社会空間の構築原理や、その空間の再生産のメカニズムがそうであるように、その国の住民の目からも、また外国人の目からも、理由こそ別々であれ逃れてしまうのですが、じつはあらゆる社会に、あるいはいくつかの社会の集合全体に共通のものですから、研究者はそうした構造やメカニズムについての知識で武装したうえで、単に好奇心をそそるだけの事物を好む人間よりも謙虚であると同時に野心家となり、普遍的有効性をもっていると自負できるような構築モデルを提示しなければならないのです。そうすれば彼は、現実のさまざまな差異を浮かびあがらせることができるでしょう。そして研究者はこれらの差異の生成原理を、ある本性――あるいは何人かの人々（いちいち名前は挙げませんが、東洋学者たち）が言っているような「魂」

〔国民性〕——のそなえている種々の特異な性質のうちにではなく、たがいに異なる複数の集合的歴史がもっている個々の独自性のうちに求めなければなりません。やがておわかりいただけると思いますが、それが今、ここで、私が試みようとしていることなのです。

実体論と関係論

そこで『ディスタンクシオン』において提示したモデル〔本書口絵の図2・図3〕を皆さんにお目にかけようと思いますが、そのさいにまず申しあげておきたいのは、ここで私は構造的な、より適切にいえば関係論的な分析を行おうとしているのであって、これを現実主義的に、あるいは実体論的に解釈しないよう注意していただきたいということです（ここで私は、細かいことは覚えておりませんが、エルンスト・カッシーラーが「実体的概念」と「機能的概念」もしくは「関係的概念」とのあいだに設定した対立を念頭に置いております）。もっとよく理解していただくために申し添えれば、実体論的・現実主義的解釈というのは、このモデルが説明しようとしている実践《プラティック》〔慣習行動〕（たとえばゴルフをやること）や消費行動（たとえば中華料理を食べること）のレベルにとどまってしまい、実体的集合としてとらえられた社会的位置や階級と、趣味や実践との間の照応関係を、一つの機械的で直接的な関係としてとらえてしまうのです。ですから極端な場合、素朴な読者の方々はたとえば次のような事実を見るとき、このモデルの正当性を疑わずにはいられないかもしれません。例としてはあまりに安易すぎるかもしれませんが、それでも顕著な事実を挙げれば、日本やアメリカの知識人はフランス料理が好きであるような顔をしたがるが、フランスの知識人はむしろ中華料理や日本料理のレストランに行くのが好きである、あるいは東京やニューヨーク5番街のしゃれた店はしばしばフランス風の名前をつけているけれども、パリのフォーブール・サン・トノレ街のしゃれた店は、かえって「ヘアー・ドレッサー」といった英語の表示を掲げていることが多い、といった現象が見られるのです。けれどももう一つ、さらに目立った例を挙げてみましょう。皆さんも御存知の通り、選挙についての世論調査を行った場合、日本では地方の教育水準の低い女性層が最も回答率が高いのですが、これにたいしてフランスでは、この本のなかで世論調査にたいする無回答率を分析して示しましたように〔訳では第Ⅱ分冊〕、無回答率、したがって政治にたいする無関心の割合は、特に女性および教育水準の低い層、そして経済的にも社会的にも貧しい層において、顕著に高い数字を示しているのです。もちろんここに見られるのは見せかけの差異の例であって、言うまでもなく日本でもフランスでも、これらの現象が政治的意見を生産する手段を奪われていることからくる「政治的無関心」のあらわれであることに変わりはないのですが、しかしそれでもなお、そこには一つの本物の差異が隠れています。一方のケース〔フランス〕では単なる政治への不参加、もう一方のケース〔日本〕では一種の非政治的な参加とでもいった現象が観察されるわけですが、こうした違いを説明する歴史的条件とはいかなるものなのでしょうか？　しかし事はそれほど単純ではありません。むしろ次のように問うてみるべきでしょう。つまり、政治に参加するには身分的にも技術的にも一定の能力を保持していることが不可欠の条件であるわけですが、日本でもフランスでも、自分はこうした能力を備えていないという同じ確信が人々に見られ、無条件に代表者に権限を委託しようとする同じ傾向が見られるにもかかわらず、一方〔日本〕ではそれが支持者主義を通してもっぱら保守政党に有利にはたらいているのに、他方〔フランス〕ではそれが〔少なくとも最近までは〕共産党にも有利にはたらいてきた――というのも共産党は、こうした従順な民衆《バーズ》〔下部組織〕が存在するおかげで、社会的急変や政治的転回を引き起こしやすい「中央集権制」を築くことができるからですが――という、こうした違いが出てくるのはいかなる歴史的な差異によるものかという問いです。

実体論的思考様式というのは、いわゆる常識の思考様式であり、また人種差別主義の思考様式であって、ある時点におけるある社会のなかの、ある種の個人や集団に特有の活動や選好を、一種の本質のうちに決定的にしるしづけられた実体的な特性として扱う傾向があるものなので、異なる社会どうしの比較ではなく、同じ社会のなかで連続する異なる時代どうしの比較を行う場合でさえ、やはり同じ過ちへと人を導いてしまいます。ですからある人々は、ここで私が提示したモデル――それは〔人為的に〕構築された諸階級の空間と種々の実践の空間との照応関係を図表の形で示したものであり、全体を一目で見て取れるように形象化したものですが(原注)――にたいし、たとえばスポーツに関しては次のような事実が見られるということをひきあいに出して、その有効性を否定することもできるでしょう。つまりテニス、さらにはゴルフでさえ、今日ではもはや昔ほど支配的な位置を占めている人々の独占物ではなくなっているという事実、あるいはまた、乗馬やフェンシングのような貴族のスポーツも、もともとは貴族の専有物であったけれども、今ではもうそうではなくなってしまったという事実（日本では武道について同じことが言えるでしょう）。最初は貴族の実践であったものでも、貴族自身によって放棄されてしまうことはありえます。それはたいてい、増大してきたブルジョワないしはプチブルジョワ集団によって、その実践がとりいれられた場合です。さらには庶民階級がこれを自分のものにする場合さえ出てきます。ボクシングのケースがそうで、十九世紀末期の貴族たちは、このスポーツをむしろ進んでやっておりました。一方、最初は庶民のものであった実践が、あるとき貴族たちによってとりいれられることもありうるでしょう。要するに注意しなくてはならないのは、何らかの集団（貴族、サムライ、あるいは生産労働者、事務労働者）が一定の社会空間のなかで、ある時点において、その集団が占めている位置に応じてたまたま割り振られたにすぎない種々の特性を、その集団に本来そなわった必然的かつ本質的な特性にしたてあげてしまってはならないということなのです。社会空間というのは社会的位置の集合であり、いろいろな活動（ゴルフをすることやピアノを弾くこと）、あるいはさまざまな財（別荘とか、著名な画家の絵など）の集合にたいして、一つの相同関係によって結びつけられているのですが、これらの活動や財それ自体もまた、じつはそれらどうしの相互関係において、関係的に特徴づけられているのです。

この公式は、抽象的でわかりにくく思えるかもしれませんが、第一に社会的位置（これは関係的な概念です）、第二に種々の性向（またはハビトゥス）、第三に立場決定――たとえば料理やスポーツ、音楽や政治など、実践のきわめて多様な領域において、社会的行為者によって行われる「選択」――、これら三者のあいだにある関係の分析を適切に解釈するための第一条件を表わしています。つまりこの公式は、比較というのはシステムどうしの間でしか可能ではないということ、したがって一つひとつ個々に取り出した特徴どうしを比較して、それらは一見したところ異なってはいても、「機能的」には、あるいは技術的にはたがいに等価であるとか（たとえばフランスのペルノ〔アニス入り食前酒〕と日本の焼酎または酒のケース）、それらが名目的には同一であるとか（たとえば日仏両国におけるゴルフの実践状況）、そういった形でそれらの諸特徴の間に直接的な等価性を見出だそうとすると、構造的には異なっている特性どうしを不当に同一視してしまったり、逆に構造的には同一であるような特性どうしを誤って区別してしまったりする危険があるということ、そういったことを思い出させてくれるのです。一般に distinction と呼ばれているもの、すなわち立ち居振舞いや態度物腰のある種の質の高さ——それは多くの場合生まれつきのものと考えられており、じじつ「生まれながらの上品さ《ディスタンクシオン》」といった言い方がよくされるわけですが——、この私の書物のタイトルそのものが、distinction なるものがじつは差異であり、隔たりであり、弁別的特徴であり、要するに、他の諸特性との関係においてしか、またそうした関係によってしか存在しないような、関係的特性にほかならないということを示すために選ばれたものなのです。

社会空間の構造

この差異の観念、隔たりの観念は、まさに空間という概念の根底にあるものです。私の言う「空間」とは、たがいにはっきり異なりながら共存している複数の位置の集合のことにほかなりません。つまりたがいに相手の外部にあり、たがいに他の位置との関係において、すなわち近接関係や隣接関係、あるいは隔たりの関係や序列関係によって、何々の「上に」とか「下に」とか「間に」とかいった関係によって定義されるような、そうした複数の位置の集合のことであります。たとえば中間階級やプチブル階級の人々にそなわった特性の多くは、彼らがちょうど〔上流階級と庶民階級の間の〕中間的な位置を占めているという事実から、つまり彼らが両極の位置の中間にあって、そのいずれにも客観的に同一化されえないし、主観的にも同一化できないという事実から、演繹的に割り出すことができるでしょう。

社会空間は、行為者たちや諸集団がそこでは統計的分布構造におけるそれぞれの位置に応じて、二つの差異化の原理にしたがって配置されるような仕方で構築されます。二つの差異化原理とは、アメリカや日本、フランスなどのような先進国において疑いもなく最も強い効果をもっているもの、すなわち経済資本と文化資本です。したがって行為者たちはこの空間内で、たがいに近くに位置すればするほどこれらの両次元においてそれだけ共通しており、遠くに離れていればいるほどそれだけ共通性が少ないような形で配置されているわけです。紙の上での空間的な距離が、そのまま社会的な距離に対応している。もう少し正確にいえば、こういうことになるでしょう。私が社会空間を表示しようと試みた『ディスタンクシオン』の図が示しているように、行為者たちは、第一次元つまり縦軸においては各人が〔経済資本と文化資本という〕異なった形態で所有している資本の総量が多いか少ないかにしたがって、第二次元つまり横軸においてはその資本の構造にしたがって、すなわち資本の全体量のなかで経済資本と文化資本という別種の資本がそれぞれどのような比重を占めているかにしたがって、それぞれ分布しているということです。ですからもう少し詳しくいえば、第一次元――こちらのほうが疑いもなく重要な次元なのですが――において、経営者、自由業〔医者、弁護士など〕の人々、大学教授など、総体として大きな資本量を保持している人々は、何も資格をもたない肉体労働者のように経済資本も文化資本も非常に貧しい人々に、全体として対立しております。けれども別の観点から見れば、ということはつまり、彼らの資産構造における経済資本と文化資本との相対的な比重という観点から見れば、これら経営者、自由業の人々、大学教授などはまた、おたがいどうしの間でも非常に明確な対立を示しているのです。そしておそらくは日本でも、事情はフランスと同様なのではないでしょうか。もちろんちゃんと検証してみなければなりませんが。

この第二の対立は第一の対立〔資本総量による対立〕と同様に、さまざまな性向《ディスポジシオン》どうしの差異を、したがって立場決定どうしの差異を生み出すもとになっています。この立場決定というのは、時期や社会の違いによってその内容が異なることもありますし、また、たとえば戦後のフランスと日本において、知識人と経営者との対立がいずれも政治的なレベルでは左翼と右翼〔革新と保守〕との対立として現われた例のように、社会が違っても同じ形で現われることもあります。もっと一般的にいえば、社会的位置の空間は、性向（あるいはハビトゥス）の空間をなかだちとして、立場決定の空間のうちに具体化して現われる――言葉を換えていえば、社会空間の主要な二つの次元のうちに分布するさまざまな位置を決定する差異的な隔たりの体系にたいしては、行為者たち（または構築された複数の行為者集合）にそなわったさまざまな特性どうしの差異的な隔たりが対応している、すなわち行為者たちの実践や彼らが所有している財どうしの差異的な隔たりが対応している、と言ってもいいでしょう。つまり位置の集合の一つひとつにたいして、それらの各集合に対応する存在状態 condition に結びついた社会的条件づけの産物であるハビトゥスは、たがいにスタイル〔様式〕の類縁性によって結びつけられている財や特性の体系的な集合を、それぞれ対応させるのです。

ハビトゥスという概念の機能の一つは、ある単独の行為者ないしは行為者集合の実践や財を同時に結びつけるような、スタイルの一貫性を説明するところにあります（バルザックやフローベールのような小説家は、物語の背景描写を通してこのことを見事に示しています。たとえば『ペール・ゴリオ（ゴリオ爺さん）』の舞台となっているヴォケール夫人の下宿屋などがその例ですが、こうした場所の描写は、同時にそこに住む登場人物の描写にもなっているわけです）。ハビトゥスとは、ある位置にそなわった内在的な特徴や関係的な特徴を、統一的な生活様式＝ライフスタイルとして、つまり人間や財や実践に関する一連の選択の統一的な全体として具体化する、あの生成・統一原理なのです。各々のハビトゥスは、それらを生み出す母胎となるもろもろの位置がそうであるのと同様、たがいに差異化されています。

しかしそれらはまた、差異化作用をもってもいる。つまりハビトゥスは、たがいにはっきり異なり差別化されている一方、自ら差別化を行う操作子《オペレーター》でもあるわけです。それらはたがいに異なる差異化原理を活用するか、または共通の差異化原理であっても、これをたがいに異なる仕方で用いるのです。

ハビトゥスというのは構造化された構造であり、たがいにはっきり異なるとともにそれら自体が弁別的であるような諸実践の生成原理でありますから、たとえば労働者が食べているものや特にその食べ方、彼らが実践しているスポーツやその実践の仕方、彼らがもっている政治的意見やそれを表明するやり方などは、工業経営者に見られる同種の消費行動や活動とは体系的に異なっているわけですが、このように構造化された構造であるハビトゥスはまた、構造化する構造でもある、すなわちそれぞれに異なった分類図式であり、類別原理であり、物の見方や分割の仕方の原理であり、趣味でもあるのです。つまり種々のハビトゥスは各々がたがいに異なった差異を作り出すのであり、良いものと悪いもの、うまいものとまずいもの、上品なものと下品なもの、等々の間に差別化の操作を行うわけですが、しかしその差別化の仕方はたがいに同じではない。ですから同じ行動や同じ財が、ある者にとっては上品なものとして映り、別の者にとってはいかにも気取ったものに思え、さらに別の者にとっては下品なもの、鼻持ちならないものに見える、といったことも充分ありうるわけです。

けれどもここで重要なのは、こうした社会的な知覚カテゴリーを通して、つまりこれらの物の見方・分割の仕方の原理を通して、実践や所有されている財、表明された意見などにおける相互の差異が、象徴的差異となってまさに文字通りの言語体系《ランガージュ》を構成する、ということです。つまりこうした差異は種々の異なる位置に結びついているので、もろもろの財や実践、特に振舞い方などは、それぞれの社会において、ちょうどある言語体系における音素の集合や弁別的特徴の集合がそうであるのと同じように、いくつもの象徴体系を構成する差異として機能するのであり、また、一つの神話体系を構成する差異的な隔たりとして、すなわち弁別的記号として、機能するわけです。

理論上の階級と現実の階級

社会空間というこの見えざる現実、目に見えるように提示することも指で触れることもできない現実、しかしながら行為者たちの実践や表象を組織している現実、そうしたものとしての社会空間を構築すること、それは同時に、次のような理論上の階級〔集合〕を構築する可能性を手にいれることにほかなりません。つまり実践およびそこから出てくるあらゆる特性の二大決定因〔経済資本と文化資本〕という観点から見て、たがいにできるだけ等質ないくつもの理論上の階級を構築する可能性です。このようにして構築できる分類原理は、文字通り説明的なものとなるでしょう。それはただ単に分類された諸現実の全体を描き出すだけにとどまるのではなく、自然科学のすぐれた分類法がそうであるように、他の諸特性を予言することを可能にする決定的特性に重点を置くような、社会的分類法なのです（うまくない分類法ではこれと逆に、差異が表面上のものでしかないので、他の諸特性を予言することは可能になりません）。そしてこの分類法によって構築された諸階級は、たがいにできるだけ似通っている行為者たち、しかし同時にまた他の階級――隣接するものであれ離れたものであれ――のメンバーからはできるだけ明確に異なっているような行為者たちを、それぞれひとまとめにするのです。

しかしながらこうした分類法の有効性そのものが、次のような事態を招く危険をはらんでいます。つまりこれら理論上の階級、紙の上にしか存在しない作り物の集合を、研究者の知的決断によって現実の階級として、実際に存在する集団として、現実の中でそのように構成されているものとしてとらえてしまうという危険です。じっさい研究を行ってゆくと、『ディスタンクシオン』において描き出した諸集団への分割が、実践の多様な領域、時にはきわめて意外な領域においても、さまざまな現実的差異に対応しているということが明らかになってくるだけに、この危険はますます大きいと言わねばなりません。たとえばちょっと変わった例を挙げますと、犬を飼っている人と猫を飼っている人との割合も確かに本書のモデル通りに分かれており、商業経営者（図の右側）はどちらかといえば犬を好む者のほうが多いのにたいして、知識人（図の左側）はむしろ猫を好む傾向が強いのです。同様に、家庭環境の似た者どうしの結婚が行われる傾向は、社会空間において切り取られる単位が狭くなればなるほど強くなります。

ですからこのモデルは、人と人との間に生じるさまざまな出会い、親近性、共感、さらには欲望などを予言するような空間的距離を規定しているわけです。具体的にいえば、この空間の上の方に位置している人々は下の方に位置している人間と結婚する可能性がほとんどありません。なぜかというと、まず第一に、上の方に位置している人々は下の方に位置している人間と出会う機会が物理的に言ってほとんどないということ（いわゆる「悪所」〔売春宿など〕で出会うのでもなければ、つまりもともと横たわっている空間的距離をさらに越えがたいものにする社会的境界線を侵犯するのでなければ、この可能性はまずありません）。そして第二には、もしたまたま機会があって、通りすがりにばったり出会うようなことがあっても、彼らはたがいに「気が合う」ことはまずないだろうし、本当に理解しあったり、たがいに気にいったりすることもおそらくないであろうということ。これと逆に、社会空間における近接性は人々を接近させます。つまり空間内のある限られた区域に所属している人々は、

（彼らのもっている特性、性向、趣味などによって）他の区域の人々よりも近接していると同時に、たがいに接近しようとする傾向が強いわけです。そして彼らはまた接近させやすくもあるし、〔まとまった集団として〕動員しやすくもあると言えるでしょう。

しかしそれは別に、彼らがマルクス的な意味での階級、すなわち共通の目標のもとに動員された集団、とりわけ他の階級に対抗する形で動員された集団を構成している、という意味ではありません。確かに私が構築した理論上の階級は、他のいかなる理論上の切り分け方よりも、たとえば性別や民族による切り分け方よりも、マルクス主義的な意味での階級になってしまう傾向が強いと言えます。もし私が政治のリーダーで、経営者と労働者の両方をともに含むような大政党を作ろうと考えたとしても、まずうまくいかないでしょう。なぜなら両者は社会空間において、非常に離れた位置にあるからです。もちろんある種の状況下では、たとえば国家的危機がおこったおかげで、あるいはナショナリズムやショーヴィニズムに支えられて、両者が接近することはありうるでしょうが、しかしこの接近はかなり見せかけだけの、きわめて一時的なものにとどまるでしょう。ただしだからといって、逆に、社会空間において近接してさえいれば自動的に一体性が生まれるということにはなりません。この近接性はただ、そこに統一へとむかう客観的な潜在的可能性があるということ、ライプニッツ的な言い方をすれば、そこに集団として、蓋然的な階級として「存在しようとする指向」があるということを、示しているにすぎないのです。ですからマルクス主義の理論は、カントが存在論をめぐる議論において非難していた過ち、あるいはマルクス自身がヘーゲルに関して非難していた過ちと、まったく同様の過ちを犯しています。つまりマルクス主義の理論は、理論上の存在から実践状態の存在への、あるいはマルクスの言葉を借りれば「論理上の事物から事物の論理への」、いわゆる「死の跳躍」を行ってしまっているのです。

マルクスは他のどんな理論家よりも、理論効果——つまりそこに確かにありながら、認知され承認されないかぎりまだ完全には存在しないようなものを目に見えるようにしてみせる、文字通りに政治的な効果——を及ぼした人物ですが、逆説的なことに、彼はこの効果を自分の理論の中に組み込むことを忘れてしまいました……。人は動員という政治的作業を行うことによってはじめて、紙の上の階級から現実の階級へと移行できるのです。動員された階級は、分類闘争 lutte des classements の賭金〔争点〕であり、また所産でもあります。この分類闘争というのはまさしく象徴闘争であって、その賭金となっているのは社会世界の意味であり、人々の知覚や現実の中に社会世界を構築する仕方であり、また社会世界にたいして適用されるべき物の見方・分割の仕方の原理であり、すなわち階級の存在そのものなのです。

社会階級から差異の空間へ

　このように階級の存在という問題は、誰もが経験上知っているように、闘争の賭金となっています。そしてこのことがおそらく社会世界を科学的に認識しようとする者にとって、また社会階級の問題に解決（なぜなら一つの解決が確かにあるのですから）をもたらそうとする者にとって、大きな障害となっているのではないでしょうか。階級の存在を否定すること、それは保守の伝統がいろいろな論拠をもちだして執拗に行ってきたことであり、またそれらの論拠は必ずしもすべてがばかばかしいものばかりでもなく、誠実な研究を行ってゆけば必ずその過程において出会うものでもあるのですが、ともかく階級の存在を否定することは、結局のところ差異および差異化の原理の存在を否定することにほかなりません。階級の存在を否定しようとして、アメリカ社会や日本社会、さらにはフランス社会でさえ、今日ではもはや巨大な「中間階級」にすぎないと主張する人々がいますが（そして確かに私はあるアンケート調査において、日本人の八〇％が自分は「中流階級」だと言っているという報告を見たことがあります）、彼らも依然として「階級」という用語を使っているのですから、これではまったくパラドクスです。もちろんこうした立場は支持できません。逆に私の仕事の全体は、次のことを示しているのです。つまり、社会が等質化しているとか、大衆化しているとか言われている国においても、差異は至るところにあるのだということ。そして今日のアメリカにおいては、ある程度は私の仕事などの影響でしょうが、かつて人々が等質性を見ようとしていたところにじつは多様性があり、コンセンサスを見ようとしていたところには意見の衝突が、流動性を見ようとしていたところには再生産と保守がある、ということを示すような新しい研究が現われない日は一日もないと言ってもいいくらいなのです。したがって差異は現実に存在し、また執拗に存在し続けている。けれども、それでは階級の存在を受け入れ、あるいは肯定しなければならないということになるのでしょうか？　そうではありません。いわゆる社会階級なるものは、存在しないのです（確かにマルクス主義理論で武装した政治的作業は、ある場合には動員決定機関とか民衆の代理人などを通して社会階級なるものを存在させることに貢献してきましたが、たとえそうであったとしてもです）。存在するのは社会空間であり、差異の空間であって、そこでは諸階級が潜在的状態で、つまり一つの所与としてではなく、いわば何かこれから作るべきものとして、存在するのです。

さて、こうしてみると社会世界とは、そのさまざまな分割の仕方とともに、社会的行為者たちが個人的に、またとりわけ集団的に協力しあったり衝突しあったりしながら作りだすべきもの、構築すべきものであるわけですが、だとしてもやはりこうした構築作業は、一部のエスノメソドロジー論者たちがそう信じているふしがあるように、社会の空洞において行われるわけではありません。そうではなくて、ある人間が社会空間において占めている位置、すなわち異なった種類の資本——それらは同時に武器でもあるわけですが——の配分構造においてその人間が占めている位置が、この空間についての表象や、この空間を保守または変革するための闘争においてその人間が行う立場決定を、支配しているのです。

　客観的構造と主観的構築とのこうした複雑な関係は、客観主義か主観主義か、構造主義か構築主義か、さらには観念論か、といった通常の二者択一を越えたところにあるわけですが、こうした関係を要約するために、私はいつもパスカルの有名な言葉を少しだけ変えて引用することにしております。つまり、「世界は私を包含しているが、私も世界を包含している」〔原文は「考える葦」に関する断章三四八に出てくるもので、「空間によって、宇宙は私を包含し、一つの点のように私をのみこむ。思考によって、私は宇宙を包含する」というもの〕。すなわち社会世界は私を包みこみ、さらにパスカルが言っているように「一つの点のように私をのみこむ」。しかし裏返して言えばこの「点」とはすなわち観点 point de vue であり、世界の見方、把握の仕方、表象の仕方の原理にほかならない、というわけです。そしてここでもう一度裏返して言えば、この観点なるものはやはり社会空間のある一点からの見方でしかなく、形式においても内容においても、この客観的な位置によって規定されたパースペクティヴにとどまっております。ですから社会空間とはまさに、最初にして最後の現実であると言えるでしょう。なぜならそれは、社会的行為者たちがこの社会空間について抱きうるさまざまな表象をも、なおこうして支配しているからです。

さて、そろそろ終わりに近づきました。私は『ディスタンクシオン』の読み方へのイントロダクションを試みたわけですが、その中で私は、自分の提唱しているモデルを最大限に生かせるような、関係的、構造的な読み方の諸原則をお話ししようと努めました。それは関係的な読み方ではありますが、同時にまた生成的な読み方でもあります。「生成的」と申しましたのは、読者の皆さんがこのモデルを、日本社会という、このもう一つの「可能態の特殊ケース」〔バシュラール〕について活用してくださることを望むからであります。すなわち、皆さんが日本の社会空間と象徴空間を構築し、基本的な差異化の原理を明確化してくださることを、私は期待しております（たぶんそれらの原理はフランスの場合と同じであろうと思いますが、しかしたとえばそれぞれの相対的な比重は異なっているのではないか、といったことはやはり確認しなければならないでしょう——もっとも日本においても伝統的に教育にたいして例外的に大きな比重が与えられていることを思うと、相対的な比重もフランスと変わらないであろうとは思いますが）。とりわけ突きとめていただきたいのは、たとえばスポーツや料理、飲み物などについて、差別化《ディスタンクシオン》の原理、つまりそれぞれの分野における弁別的記号がどうなっているか、といったことであり、またさまざまな象徴的下位空間における有意味的な差異を作り出す関与的特徴とはいかなるものか、といったことであります。私の考えでは、この講演の最初で私が望んでいた「本質的なものの比較研究」が可能になる条件とは以上のようなものでありますし、これはまた同時に、社会学が作り出すことのできる、また作り出さなければならないさまざまな不変要素と可変要素について、全体的な認識を獲得するための条件でもあろうかと思います。

私はと申しますと、フランスでも日本でも、あらゆる先進国において行われている社会空間と象徴空間の再生産を保証しているメカニズムとは一体いかなるものか、ということについて、明日お話しする予定です。もちろんその場合、これらの空間の変容をひきおこす原理となっているかもしれないさまざまな矛盾や葛藤についても触れるつもりでおります。

石井洋二郎 訳

（原注）『ディスタンクシオン』第Ⅰ分冊、初版一九二―一九三頁／普及版二〇八―二〇九頁。

あとがき

ブルデューの『ディスタンクシオン』は、全訳の刊行からもう三十年たっているのに今でも版を重ねている例外的なロングセラーだが、若い読者にはいささか値が張って入手しにくいので、そろそろ普及版を出したいと思っている、そこでこれを機会に一般読者向けの入門書を書いてみないか——そんな話を藤原良雄氏からいただいたのが、本書執筆のきっかけでした。

私は一九九三年に『差異と欲望』という解説書をすでに出しており、だいたいのことはそこで述べたつもりだったので、もう書くべきことは残っていないのではないか、書いたとしても結局は旧著の繰り返しになってしまうのではないかと、正直のところ、若干の躊躇を覚えなかったわけではありません。けれども世紀が替わって社会は大きく変容を遂げ、わが国の経済状況も文化状況もその様相を一変させています。とりわけ「格差」や「不平等」の拡大が何かにつけて話題になる昨今の状況を踏まえてみれば、まさに今、ブルデューがこの書物にこめたメッセージをあらためて検証してみることには少なからず意義があるのではないかと考えて、この仕事をお引き受けした次第です。

執筆にあたって「です・ます」調の講義という形式を採用したのは、自分の言葉が過不足なく読者に伝わるかどうか、消化不良を起こさずにじゅうぶん咀嚼してもらえるかどうかを常に意識しながら、できるだけ聞き手に寄り添った文体で書こうと思ったからです。論文だとどうしても独りよがりの断定やわかりにくい記述に走ってしまいがちですが、講義だと目の前の受講者に直接話しかけるような気分で、こんな説明でわかってもらえるだろうか、もう少し別の言い方をしないと趣旨が通じないのではなかろうか、もしかするとここではこんな質問が出るのではなかろうか、などと相手の反応をいろいろ想定しながら書き進めることになります。そのやり方が、少しでも本書の読みやすさにつながっていれば幸いです。

お断りするまでもないことですが、本書はあくまでも社会学には素人の立場から一般読者を対象に書いた概説書であって、いわゆる学術書ではありません。したがって専門家の目から見れば不十分なところも多々あるでしょうし、わかりやすさを優先するあまり、場合によっては厳密さを欠く記述も見られることでしょう。諸賢の御叱正を待つ次第です。

振り返ってみれば、私にとって『ディスタンクシオン』は最初の翻訳書であり、『差異と欲望』は最初の単著書でした。その後はしだいに本来の専門であるフランスの文学・思想関連の仕事にシフトしていきましたが、三十年近くの歳月を経てふたたびブルデューを主題とする書物を出版できるということはたいへん感慨深いことであり、やはり浅からぬご縁の賜物としか言いようがありません。長年にわたって御交誼をいただいている藤原良雄氏に、深い友情と感謝の念を捧げたいと思います。

また刊行にあたっては、藤原書店編集部の刈屋琢氏に全面的にお世話になりました。本書が内容的にも形式的にも読者の期待を裏切らないものになりえているとすれば、その大半は氏のいつもながらの緻密で行き届いたお仕事ぶりに負うものです。あらためて心より御礼申し上げます。

ピエール・ブルデュー氏は私にとって偉大な社会学者であり思想家であると同時に、あるいはそれ以上に、「怒りの才能」を生涯失わなかった「行動する知識人」の象徴的存在でした。この数年間、学問の世界への理不尽な政治介入をまのあたりにして、なんとも言いようのない苛立ちを覚えずにはいられなかった私の脳裏には、新自由主義の席巻する現代社会の不公正や不正義に怯むことなく立ち向かう氏の凛然としたたたずまいが、折に触れて何度となくよみがえってきたものです。

およそ「怒りの才能」に恵まれているとは思えない自分でも、せめて体のどこかに「怒りの残り火」をともし続けるくらいのことはできるかもしれない——そんなことを願いつつ、ささやかな本書をピエール・ブルデュー氏の霊に捧げたいと思います。

二〇二〇年一〇月

石井洋二郎

マ 行

ラ 行

タ行

サ 行

事項索引

主要人名索引

本文の主要な人名を採り，姓・名の五十音順で配列した。

著者紹介

石井洋二郎（いしい・ようじろう）

1951年東京生まれ。東京大学名誉教授。地域文化研究・フランス文学。

著書：『差異と欲望——ブルデュー『ディスタンクシオン』を読む』（藤原書店），『パリ——都市の記憶を探る』（ちくま新書），『身体小説論——漱石・谷崎・太宰』（藤原書店），『文学の思考——サント＝ブーヴからブルデューまで』（東京大学出版会），『美の思索——生きられた時空への旅』（新書館），『ロートレアモン　越境と創造』（筑摩書房，第59回芸術選奨文部科学大臣賞），『科学から空想へ——よみがえるフーリエ』（藤原書店），『フランス的思考——野生の思考者たちの系譜』（中公新書），『時代を「写した」男ナダール　1820-1910』（藤原書店）など。

共編著：『文化の権力——反射するブルデュー』（藤原書店），『フランスとその〈外部〉』（東京大学出版会）など。

訳書：ブルデュー『ディスタンクシオンⅠ・Ⅱ』（藤原書店，第8回渋沢・クローデル賞），同『芸術の規則Ⅰ・Ⅱ』（藤原書店），『ロートレアモン／イジドール・デュカス全集』（筑摩書房，第37回日本翻訳出版文化賞・第9回日仏翻訳文学賞），バルト『小説の準備』（筑摩書房）など。

ブルデュー『ディスタンクシオン』講義《こうぎ》

2020年12月10日　初版第1刷発行©
2023年12月20日　初版第3刷発行

著　者　石井洋二郎
発行者　藤原良雄
発行所　株式会社　藤原書店

〒162–0041　東京都新宿区早稲田鶴巻町523
電　話　03（5272）0301
FAX　03（5272）0450
振　替　00160 - 4 - 17013
info@fujiwara-shoten.co.jp

印刷・製本　中央精版印刷

落丁本・乱丁本はお取替えいたします
定価はカバーに表示してあります

Printed in Japan
ISBN978–4–86578–290–5

新しい社会学の本格的入門書

社会学の社会学

P・ブルデュー
田原音和監訳

文化と政治、スポーツと文学、言語と音楽、モードと芸術等、日常的な行為を対象に、超領域的な人間学を展開しているブルデューの世界への誘いの書。ブルデュー社会学の方法、概念、対象及び、社会科学の孕む認識論的・哲学的諸問題を呈示。

A5上製　三七六頁　**三八〇〇円**
（一九九一年四月刊）
◇978-4-938661-23-6
QUESTIONS DE SOCIOLOGIE
Pierre BOURDIEU

〔附〕主要著作解題・全著作目録

構造と実践
（ブルデュー自身によるブルデュー）

P・ブルデュー
石崎晴己訳

新しい人文社会科学の創造を企図するブルデューが、自らの全著作・仕事について語る。行為者を構造の産物にして構造の再生産者として構成する「プラチック」とは何かを、自身の「語られたものごと」を通して呈示する、ブルデュー自身によるブルデュー。

A5上製　三六八頁　**三七〇〇円**
（一九九一年一二月刊）
品切◇978-4-938661-40-3
CHOSES DITES
Pierre BOURDIEU

現代言語学・哲学批判

話すということ
（言語的交換のエコノミー）

P・ブルデュー
稲賀繁美訳

ソシュールにはじまる現代言語学の盲目性を、ハイデガー哲学の権威主義を、アルチュセール派マルクス主義の正統性の神話を、言語の社会的機能の視点から暴き、理論的言説が魔術的言説に他ならぬことを初めて喝破。

A5上製　三五二頁　**四三〇〇円**
（一九九三年一月刊）
◇978-4-938661-64-9
CE QUE PARLER VEUT DIRE
Pierre BOURDIEU

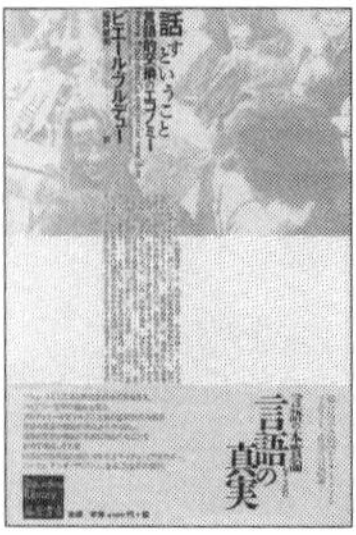

人類学・政治経済学批判

資本主義のハビトゥス
（アルジェリアの矛盾）

P・ブルデュー
原山哲訳

「ディスタンクシオン」概念を生んだブルデューの記念碑的出発点。資本主義の植民活動が被植民地に引き起こす「現実」を独自の概念で活写。具体的歴史状況に盲目な構造主義、自民族中心主義的な民族学をこえる、ブルデューによる人類学・政治経済学批判。

四六上製　一九二頁　**二八〇〇円**
（一九九三年六月刊）
◇978-4-938661-74-8
ALGÉRIE 60
Pierre BOURDIEU

大学世界のタブーをあばく

ホモ・アカデミクス

P・ブルデュー
石崎晴己・東松秀雄訳

この本を焼くべきか？　自己の属する大学世界の再生産を徹底的に分析した、科学的自己批判・自己分析の金字塔。世俗的権力は有するが学問的権威を欠く管理職的保守派と、その逆をゆく知識人的革新派による学部の争いの構造を、初めて科学的に説き得た傑作。

Ａ５上製　四〇八頁　**四八〇〇円**
（一九九七年三月刊）
◇978-4-89434-058-9
HOMO ACADEMICUS　Pierre BOURDIEU

まったく新しいハイデガー像

ハイデガーの政治的存在論

P・ブルデュー
桑田禮彰訳

一見社会的な政治性と無縁にみえるハイデガーの「純粋哲学」の核心に社会的な政治性を発見。哲学と社会・時代の関係の本質にラディカルに迫る「哲学の社会学」。哲学言語の「内在的読解」による哲学的自己批判から、デリダ／ブルデュー論争の本質を明かす。

四六上製　二〇八頁　**二八〇〇円**
（二〇〇〇年一月刊）
◇978-4-89434-161-6
L'ONTOLOGIE POLITIQUE DE MARTIN HEIDEGGER　Pierre BOURDIEU

ネオリベラリズム批判

市場独裁主義批判

P・ブルデュー
加藤晴久訳＝解説

ピエール・ブルデュー監修〈**シリーズ・社会批判**〉第一弾。「市場」なるものが独裁者然と君臨するグローバリズムへの対抗戦術を呈示。最晩年のブルデューが世界各地で行なった、緊張感溢れる講演・政治的発言を集成。「市場派」エコノミストの詭弁をあばき、「幸福の経済学」を提唱する。

四六変並製　一九二頁　**一八〇〇円**
（二〇〇〇年七月刊）
◇978-4-89434-189-0
CONTRE-FEUX　Pierre BOURDIEU

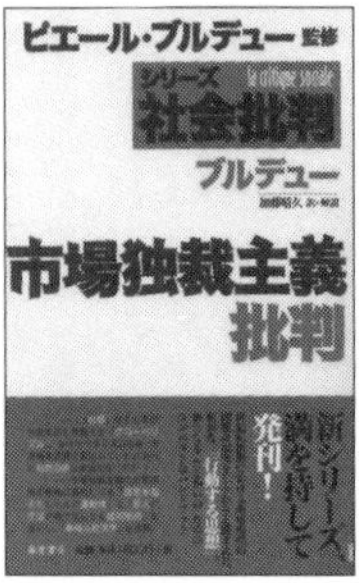

商業主義テレビ批判

メディア批判

P・ブルデュー
櫻本陽一訳＝解説

ピエール・ブルデュー監修〈**シリーズ・社会批判**〉第二弾。メディアの視聴率・部数至上主義によって瀕死の状態にある「学術・文化・芸術」を再生させるために必要な科学的分析と実践的行動を具体的に呈示。視聴者・読者は、いま消費者として「メディア批判」をいかになしうるか？

四六変並製　二一六頁　**一八〇〇円**
（二〇〇〇年七月刊）
◇978-4-89434-188-3
SUR LA TÉLÉVISION　Pierre BOURDIEU

「これは自伝ではない」

自己分析

P・ブルデュー
加藤晴久訳

父母や故郷など自らの出自から、一九五〇年代のフランスの知的状況、学問遍歴、アルジェリア経験、そして「取り返しのつかない不幸」まで。危険を省みず、自己自身を容赦なく科学の対象としたブルデューの絶筆。『パスカル的省察』『科学の科学』に続く晩年二部作、ついに完結！

四六上製　二〇〇頁　二八〇〇円
（二〇一一年一月刊）
◇978-4-89434-781-6

ESQUISSE POUR UNE AUTO-ANALYSE　Pierre BOURDIEU

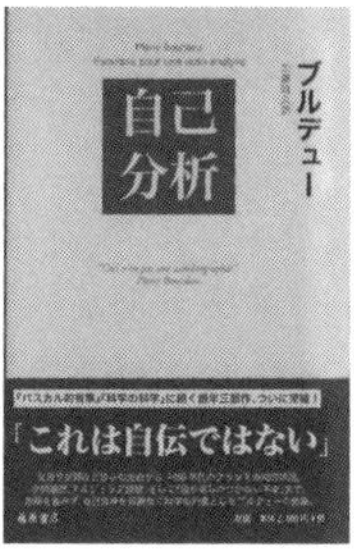

ブルデューの〝資本論〟

国家貴族　I・II

（エリート教育と支配階級の再生産）

P・ブルデュー
立花英裕訳＝解説

膨大な文献資料・統計データを渉猟し、一九六〇―八〇年代フランスにおける支配階級再生産の社会的基盤を分析、「権力維持に文化・教育が果たす役割」についての一般理論を展開。

A5上製　I四八〇頁　II三五二頁　各五五〇〇円
（I二〇一二年二月刊　II二〇一二年三月刊）
I◇978-4-89434-841-7
II◇978-4-89434-842-4

LA NOBLESSE D'ÉTAT　Pierre BOURDIEU

四〇年にわたる「政治的発言」の主要テクストを網羅

介入　I・II

（社会科学と政治行動　1961-2001）

P・ブルデュー
F・プポー＋Th・ディセポロ編
櫻本陽一訳＝解説

社会に介入＝発言し続ける「知識人」ブルデューの真価とは何か。全生涯の社会的発言を集成し、旧来型の「社会運動」への挺身でも「国家」の単純な再評価でもなく、両者を乗り越えてグローバリズムと対峙したブルデュー思想の現代的意味を炙り出す決定版論集。

A5並製　I四〇八頁　II三三六頁
各三六〇〇円　（二〇一五年三月刊）
I◇978-4-86578-016-1
II◇978-4-86578-017-8

INTERVENTIONS 1961-2001　Pierre BOURDIEU

ブルデュー唯一の「ジェンダー」論

男性支配

P・ブルデュー
坂本さやか・坂本浩也訳

全世界に最も影響を与えた社会学者であり思想家ブルデューによる、唯一の〝ジェンダー〟論。アルジェリア・カビリア伝統社会と、V・ウルフ『灯台へ』という二つの事例の精緻な分析を通して、男性優位の社会秩序がなぜ〝自然〟なものとされてきたのかを解き明かす。欧米で大論争を招いた問題作の完全訳！

四六上製　二四〇頁　二八〇〇円
（二〇一七年一月刊）
◇978-4-86578-108-3

LA DOMINATION MASCULINE　Pierre BOURDIEU